공부
트리거를
찾아라

공부 트리거를 찾아라

발행일	2018년 4월 30일

지은이	윤태황, 강호석, 박종윤, 이한나, 정현복		
펴낸이	손 형 국		
펴낸곳	(주)북랩		
편집인	선일영	편집	오경진, 권혁신, 최예은, 최승헌
디자인	이현수, 김민하, 한수희, 김윤주, 허지혜	제작	박기성, 황동현, 구성우, 정성배
마케팅	김회란, 박진관, 윤정근		
출판등록	2004. 12. 1(제2012-000051호)		
주소	서울시 금천구 가산디지털 1로 168, 우림라이온스밸리 B동 B113, 114호		
홈페이지	www.book.co.kr		
전화번호	(02)2026-5777	팩스	(02)2026-5747

ISBN	979-11-6299-090-2 03370 (종이책) 979-11-6299-091-9 05370 (전자책)

이 도서의 국립중앙도서관 출판예정도서목록(CIP)은 서지정보유통지원시스템 홈페이지(http://seoji.nl.go.kr)
와 국가자료공동목록시스템(http://www.nl.go.kr/kolisnet)에서 이용하실 수 있습니다.
(CIP제어번호: CIP2018012716)

(주)북랩 성공출판의 파트너

북랩 홈페이지와 패밀리 사이트에서 다양한 출판 솔루션을 만나 보세요!

홈페이지 book.co.kr • **블로그** blog.naver.com/essaybook • **원고모집** book@book.co.kr

에듀플렉스 자기주도학습의 성공 비밀

공부
트리거를
찾아라

윤태황, 강호석, 박종윤, 이한나, 정현복

에듀플렉스(EDUPLEX) 학습법의 비밀을 알아본다!

대한민국 교육경영 대상 〈자기주도학습 부문〉 6년 연속 수상!
자기주도학습 분야 독보적인 1위 기업!

에듀플렉스 STAR 원리를 활용한 핵심적인 공부원리

대한민국
교육경영대상
자기주도학습 부문
6년 연속 대상

SINCE 2004
전국 140여 개 지점
수천 명의 학생

특허 10-0740152
국내 최초의
자기주도학습
심리-수행 검사

교육의 변방에서 교육의 중심으로

2004년, 에듀플렉스(EDUPLEX)를 처음 설립할 때만 해도 모두들 안된다고 했습니다. 교육 사업의 취지는 좋으나, 한국에서는 강의식 수업, 주입식 교육이 성공한다고 말했습니다. 에듀플렉스는 '자기주도학습'이라는 용어가 생소하던 시기부터 줄기차게 자기주도학습을 주장했습니다.

2018년 현재, 1호 지점인 대치 에듀플렉스를 비롯해 전국에 140여 개 지점이 운영 중입니다. 에듀플렉스는 '대한민국교육경영대상'에서 2012년부터 6년 연속 '자기주도학습 부문'에서 대상을 수상했습니다. 이제는 명실상부하게 대한민국을 대표하는 '자기주도학습 교육기관'이 되었습니다.

교육 업계는 계속해서 위축되고 있습니다. 출생률이 줄고 학생 수가 줄어들면서 많은 교육 브랜드가 사라졌습니다. 그럼에도 불구하고 에듀플렉스는 끊임없이 성장하고 있습니다. 전국에서 수천 명의 학생이 에듀플렉스를 통해 자기주도적인 학생으로 성장하고 있습니다. 에듀플렉스의 성공 비결은 무엇일까요? 무엇이 학생들의 성공을 이끌까요?

에듀플렉스는 자기주도학습 원리인 'STAR'를 개발하여 학습매니지먼트에 활용합니다. 학습매니저는 학생 검사부터 목표 설정, 계획 수립, 학습 행동, 자기 점검까지 STAR 원리를 이용합니다. 책을 읽음으로써 여러분 모두는 에듀플렉스의 학습매니지먼트 원리를 이해하고 체화할 수 있습니다. 이 책을 통해 학부모는 자녀 교육의 힌트를 얻고, 학생은 공부에 불을 붙여줄 불씨를 찾을 수 있을 것입니다.

자녀가 공부를 하지 않아 걱정이 많은 부모님, 성적이 오르지 않아 고민인 학생, 학생의 발전을 위해 고민하는 선생님 등 모두에게 이 책은 발전을 위한 트리거(Trigger)가 될 것입니다. 공부와 관련된 모든 분에게 이 책을 적극적으로 추천합니다.

에듀플렉스 창립자 고승재

서울과학고등학교 졸업
서울대학교 공과대학·경영대학 졸업
소프트뱅크 아카데미아(Softbank Academia) 한국인 최초 합격생
現 넥스큐브코퍼레이션(Nexcube corporation) 대표이사

성적이 오르는 이유는 무엇일까요?
정신-학습-행동의 조화!

공부를 안 하면, 당연히 성적이 오르지 않습니다. 성적이 오르려면 공부를 해야 합니다. 공부를 하기 위해서는 공부하는 이유가 있어야 합니다. 성장하여 무엇을 하고 싶은지, 어떤 직업을 가지고 싶은지, 어떤 분야에 진출하고 싶은지 등 목표를 명확히 하는 상담이 필요합니다.

공부를 하다 보면 슬럼프가 옵니다. 학교에서 친구와 싸워 공부가 안되는 날이 있습니다. 선생님께 꾸중을 들어 심란한 날도 있습니다. 학생의 상황에 맞는 적절한 멘토링(Mentoring)이 필요합니다.

요즘 입시는 복잡하기만 합니다. 수시와 정시가 있고, 수시는 다시 학생부 종합전형, 학생부 교과전형, 특기자 전형, 논술 전형, 적성고사 전형 등으로 나뉩니다. 학생에게 어떤 전형이 적합할지, 각 전형별로 어떻게 준비하는 것이 효율적일지, 학생과 함께 고민하고 연구해야 합니다.

공부를 하는데 성적이 오르지 않는 학생이 있습니다. 공부 방법을 교정해야 합니다. 공부는 일단 공부하는 시간을 확보해야 하지만, 확보한 시간을 어떻게 효율적이고 효과적으로 보낼 것인지 전략을 세워야 합니다. 교재 정보도 필요하고 계획을 세우는 능력도 필요합니다.

집중력, 절제력, 인내력 등 행동적인 요소도 중요합니다. 똑같이 1시간을 공부해도 학생별로 단어를 외우는 양은 천차만별입니다. 수학 문제풀이의 속도와 양도 다 다릅니다. 온전하게 공부에 몰입할 수 있는 힘 또한 끊임없이 훈련되어야 합니다.

공부를 잘하는 요인, 잘할 수 있게 하는 요인을 한 마디로, 한 가지로 정의내리기는 어렵습니다. 똑같은 학교에 다니면서 똑같은 문제집을 풀고, 똑같은 학원에 다녀도 성적이 제각각인 이유입니다.

나에게는 어떤 점이 부족해서 성적이 정체되고 있을까요? 우리 아이는 어떤 이유로 성적이 내려가고 있을까요? 공부를 단번에 역전시킬 공부 트리거(Trigger)를 찾아야 합니다. 에듀플렉스(EDUPLEX) 자기주도학습 원리인 'STAR'를 활용해서 공부 요소들을 하나씩 살펴보고 공부 트리거를 찾기를 기원합니다. 전국에 계신 학생, 학부모님, 선생님들에게 많은 도움이 되었으면 합니다.

끝으로 책이 나오기까지 많은 격려와 조언해주신 에듀플렉스 고승재 대표님, 성수아 개발팀장님, 원고를 검토해 주신 에듀플렉스 원장님, 학습매니저님들에게 감사의 말씀 드립니다.

남이 하면 신화, 내가 하면 실화!

전국의 많은 학생이 실화의 주인공, 성적 역전의 신화가 되길 진정으로 바랍니다.
감사합니다.

2018월 4월 벚꽃이 필 무렵
에듀플렉스 학습법연구회 드림

차/례

3장 ★★★

::

STAR - THINK THE BEST WAY: 나에게 꼭 맞는 학습전략을 구상하라

4장 ★★★★

::

STAR - ACT PERSISTENTLY: 상위권의 공부습관을 익혀라

5장 ★★★★★

::

STAR - REVIEW POSITIVELY: 공부를 긍정적으로 되돌아보라

부록

::

1장
::
교육 과잉의 시대,
진짜 자기주도학습을 해라

"명확히 설정된 목표가 없으면,
우리는 사소한 일상을 충실히 살다 결국 그 일상의 노예가 되고 만다."

로버트 하인라인
Robert A. Heinlein

요리 연구가 백종원의 교훈

　요리 연구가 백종원 씨가 장사가 안되는 식당을 살려내는 프로그램이 있다. 한 번은 멸치 육수가 특징인 국숫집이 나왔는데, 백씨는 육수와 관련해서 두 가지를 지적했다. 한 가지는 멸치를 너무 많이 써서 원가가 높다는 것이고, 다른 한 가지는 멸치의 반만 쓰고도 더 시원한 국물을 만들 수 있다는 것이었다.

　백씨는 믿지 못하는 주인을 위해 대결을 신청했고, 그는 멸치를 반만 쓴 자신의 레시피(Recipe)로 국물을 만들어 맛 평가단으로부터 승리를 따낸다. 이 모습을 보면서 요즘의 교육이 오버랩(Overlap)됐다.

월화수목금금금 학원학원학원

　고등학교 1학년인 아영이는 월요일부터 일요일까지 학원이 한가득이다. 월·수·금은 수학학원, 화·목·토는 영어학원, 토요일은 과학학원과 음악학원, 토·일요일은 국어학원을 간다. 주중 5일을 아무리 열심히 공부해도 주말에 공부하지 않으면, 공부를 절반밖에 안 한 거나 다름없다. 시간을 알뜰히 사용하는 측면에서, 아영이가 주말까지 공부하는 것은 칭찬할 만하다.

> 주중: 하루 4시간×5일=20시간
> 주말: 하루 10시간×2일=20시간

주중과 주말은 하루 동안 확보할 수 있는 공부 시간의 양이 다르다. 주중은 방과 후에 하루 4시간 정도를 확보할 수 있지만, 주말에는 하루 10시간 이상을 확보할 수 있다. 날짜로 보면 일주일 중 5일을 공부한 것이지만, 공부량으로 보면, 50% 공부를 한 것에 불과한 것이다. 그러나 아영이의 학습계획표에는 중요한 것이 몇 가지 빠져있다.

학습의 의미

학은 '배울 학(學)'이고 습은 '익힐 습(習)'이다. 공부할 때는 배우는 시간도 중요하지만, 익히는 시간도 중요하다는 것이다. 공부가 됐든 운동이 됐든 요리가 됐든 모두 똑같다. 하는 법을 배웠으면 실습을 해야 한다. 몸에 익히는 시간을 가져야 한다. 라면도 끓이다 보면 요령이 생긴다. 수학 문제도 하나의 공식을 배운 후, 여러 문제를 풀다 보면 공식의 활용법이 익혀진다.

우리는 공부를 생각할 때, 흔히 '배울 학'에만 초점을 둔다. 우리 애는 온종일 학원에 다니고 과외를 하는데 왜 성적이 안 오르냐며 울상인 부모가 있다. 그래서, 이 아이는 하루에 얼마나 익히는 시간을 두었는가?

익히는 시간 없이 배우는 시간만 고집하는 부모 아래에서 자란 학생치고 성적이 높은 학생이 없다. 공부를 재밌어 하는 학생도 없다. 성적이 안 나오면 안 나올수록 학원 개수가 더 많아지니, 악순환의 연속이 된다.

학생이 스스로 선택한 학원인가

아영이는 자신의 학원을 자발적으로 혹은 주도적으로 선택했을까? 자기주도학습이 완성된 아이들은 대체로 높은 성적을 받아 온다. 자기주도학습이 완성되었다는 것은 학습 도구를 스스로 선택할 수 있다는 것으로, 상위권 학생들은 무턱대고 학원 수를 늘리지 않는다.

2018학년도 대학수학능력시험에서 재학생으로는 유일하게 만점을 받은 운암고등학교 3학년 강현규(18) 군은 학원에 크게 의존하지 않았다는 점에서 주목받았다. 언론과의 인터뷰에서 강군은 고등학교에 진학한 뒤 학원에 다닌 것은 고교 1학년 후반부터 2학년 초반까지 화학Ⅱ 한 과목을 배운 것이 전부라고 밝혔다.

무엇이 이런 결과를 만들었을까?

강군뿐만 아니라 성적이 높은 학생들을 살펴보면, 여러 학원에 다니는 학생도 있지만, 한 학원만 진득하니 다니는 학생도 있고, 학원에 다니지 않고 야간 자율 학습만 하는 학생도 있다.

공부를 요리해야 한다

　TV 프로그램 중 〈냉장고를 부탁해〉라는 프로그램이 있다. 연예인의 냉장고를 관찰한 후, 냉장고에 있는 재료만 사용해서 요리를 만들어 내는 프로그램이다. 같은 재료를 가지고도 셰프들이 만들어 내는 요리는 천차만별이다. 같은 재료지만 요리는 아이디어의 싸움이고 창의력의 싸움이다.

　공부도 똑같다. 같은 문제집을 풀고도 어떤 학생은 1등급, 어떤 학생은 5등급을 받는다. 같은 학교 수업을 듣고 어떤 학생은 3등급, 어떤 학생은 6등급이다. 학원, 과외, 인강(인터넷 강의) 모두 마찬가지다. 공부는 누구에게 수업을 들었냐도 중요하지만, 누가 수업을 들었냐가 더 중요하다.

　학생이 공부를 못하는 이유는 특정 학원을 못 다녔기 때문이 아니다. 특정 학원을 꼭 다녀야만 성적이 오른다면, 그 학원을 꼭 등록하는 것이 옳다. 그러나 대부분의 경우, 학원이 해결책이 되는 것이 아니라, 학생이 해결책이 되는 경우가 더 많다.

공부를 어떻게 요리할 것인가

　요리를 잘하려면, 요리를 배워야 한다. 짜장면을 가장 잘 만드는 전국 최고의 주방장에게 가서 짜장면을 배우는 것도 중요하지만, 그 전에 짜장면이 만들어지는 원리, 레시피를 이해해야 한다. 짜장면을 만드는 방법, 레시피를 알고 난 후에 짜장면 최고수를 찾아 나서도 늦지 않다.

공부를 잘하려면 공부의 원리, 학습법을 먼저 이해하고 익혀야 한다. 같은 문제집을 풀었는데 왜 이 아이는 5등급이고 저 아이는 1등급인가?

현수는 같은 문제집을 최소 3번을 푼다. 1회독(回讀, 읽음)할 때는 개념 이해 위주로 공부를 하고 2회독할 때는 문제풀이, 3회독할 때는 틀렸던 문제 위주로 꼼꼼히 복습을 한다. 그리고 문제집을 풀 때는 책에 낙서를 하지 않는다. 1회독부터 책에 식을 쓰고 흔적을 남기면, 2회독과 3회독을 할 때 계속 눈이 그쪽으로 가기 때문이다.

수희는 한 문제집은 한 번만 푼다. 문제는 항상 책에다 푼다. 풀다가 잘 안 풀리면 답지를 펴고 이해한다. 완벽하게 풀어서 답을 맞히든 답지를 참고해 답을 맞히든 모두 동그라미를 친다.

인강을 수강한다. 현수는 1:1 과외를 하는 것처럼, 인강 선생님의 질문에 대답도 하고, 모르는 부분은 반복하며 천천히 곱씹으며 듣는다. 수희는 드라마 보듯 팔짱을 끼고 화면을 응시한다. 어떨 땐 2배속으로 인강을 수강한다. 수업을 이해한 것보다 수업을 들었다는 사실 자체가 중요하다.

학원이든 과외든 인강이든, 학습 도구를 선택하고 사용할 때는 우리 아이에게 이 도구가 필요한가를 우선 살펴보게 된다. 그런데 진짜 핵심은 이 학습 도구들, 즉 재료를 '어떻게 사용할 것인가'이다.

요리는 대신해서 먹일 수 있지만, 공부는 대신해서 점수를 줄 수 없다. 학생이 스스로 셰프가 되어야 한다. 셰프에게 재료를 챙겨주는 것도 중요하지만, 그보다 더 중요한 것은 셰프 스스로 다양한 요리법을 익혀야 한다는 것이다. 재료를 가지고 다양한 요리법을 스스로 만들어 내야 한다.

학부모로서 우리는
아이가 공부 셰프가 되도록 도울 준비가 되어 있는가?

학부모가 명심해야 할 핵심 질문이 될 것이다.

명문대 출신 부모도
자녀 공부는 실패한다

　자녀의 입시 문제로 고민하는 명문대학교 출신 부모를 종종 만난다. 자신은 학창시절 공부를 잘했는데, 자녀는 왜 공부를 못하는지 이해를 못 하는 것이다. 그들은 자신의 공부법이 확고하다. 자녀도 자신처럼 공부를 하면 잘할 텐데 왜 그렇게 하지 않는지, 알려줘도 실천이 되지 않는 이유에 대해 속상해 한다.

　한 가지 위안을 주자면, 자녀는 부모로부터 모든 것을 물려받지 않는다. 여러 유전자를 물려받더라도 노출된 환경에 따라 DNA가 변형된다. 최근 미국 우주항공국 나사(NASA)는 쌍둥이 중 한 명을 우주로 보내서 DNA 변화를 실험했다. 실제로 우주에 다녀온 사람은 여러 부분에서 DNA가 변화한 것이 확인되었다.

　아이가 선천적으로 타고나는 기질, 유전자뿐만 아니라 후천적으로 얻게 되는 유전자 변화, 학습, 교육에 대해서도 주목해야 한다. 모든 것이 유전된다면 교육이 가지는 효능도 떨어질 테지만, 세상은 사람이 교육을 통해 변화할 수 있음을 증명해 주었다.

　그러니 부모가 비록 학창시절 공부를 등한시했더라도 자녀의 공부에 대해서 낙담할 필요가 없다. 자녀의 성적과 입시는 교육 환경에 의해 후천적으로 달라질 수 있다는 것이다.

자녀 성공의 기준은 무엇인가

어떤 부모는 자녀가 80점을 받아와도 기뻐한다. 평소 50점을 받던 자녀가 80점을 받은 것이 대견한 것이다. 어떤 부모는 자녀가 90점을 받아도 만족하지 못한다. 항상 100점을 바라는 것이다.

자녀가 서울대학교에 가길 바란다면 100:1의 경쟁을 뚫어야 한다. 서울대학교는 통상 수능 상위 1% 학생들이 지원하는 것으로 알려져 있다. 그러니, 우리 아이가 서울대학교에 갈 확률보다 서울대학교에 못 갈 확률이 훨씬 높다.

부모가 서울대학교 출신인데, 자녀도 서울대학교에 가길 바란다면, 부모의 확률 1/100과 자녀의 확률 1/100을 곱해보자. 1/10,000의 확률이 된다. 서울대학교 출신 부모의 자녀가 서울대학교에 갈 확률보다 못 갈 확률이 훨씬 높다는 것과 서울대 출신 부모의 자녀가 서울대를 못 가는 것이 훨씬 정상적인 범주에 속한다는 것을 알게 된다.

성공의 기준은 주관적이다

무엇이 성공이며 무엇이 행복일까. 자녀의 성공은 부모가 결정하는 것일까. 부모가 원하는 성적을 받고 원하는 대학에 가면 과연 자녀는 행복하다고 말할까.

자녀를 위해서 학원이며 과외며 찾아 나선다고 말하는 부모님이 있다. 아이는 시큰둥하다. 정말로 아이를 위해서 찾아 나선 것일까. 혹 아이의 성공을 자신의 성공으로 치환하고자 하는 부모의 마음은 아닐까.

부모가 만들어 준 목표를 수동적으로 달성하며 성공했다고 말하는 것은 진정한 성공이 아니다. 진정한 행복이 아닐 수 있다. 우리는 성공의 기준을 세우기에 앞서 자녀의 성공 기준을 누가 세워야 하는가에 대해 생각해 볼 필요가 있다. 중요한 것은 부모의 욕심이 아니다. 부모의 눈높이가 아니다. 아이가 스스로 자신의 목표를 만들고, 스스로 이루어 내면서 성공하고 행복해하는지가 중요하다.

자기주도적인 학생은 공부뿐만 아니라 자신의 인생을 주도해 간다. 부모의 기에 눌려 자녀가 자기 생각을 표출하지 못하고 있는 것은 아닌지, 수동적으로 끌려가는 것은 아닌지 살펴봐야 한다. 말을 물가에 데려갈 수 있어도 물을 먹이진 못한다는 옛말을 기억하자.

결국, 자녀의 공부, 성적, 입시의 성공과 실패는 부모가 결정하는 것이 아니라 자녀 스스로 결정하는 것임을 알 수 있다. 알고 보면 공부란 성공과 실패가 있는 것이 아니다. 공부는 하면 할수록 쌓이는 것이지, 없어지는 것이 아니다. 빠르고 느리고의 차이가 있을 뿐, 잘나고 못나고의 차이가 아님을 알게 될 때 자녀 교육은 편안해진다. 그리고 부모의 마음이 편안해질 때, 학생의 마음도 편안해진다.

자기주도학습 전성시대

　중학교 3학년 민지의 어머니는 민지가 공부를 하는 데 있어서 민지 본인에게 모든 것을 맡기는 것이 불안하다. 누군가에게 배워서 공부하는 것이 더 효과적이라고 생각한다. 자기주도학습으로 방법을 바꿔볼까 고민도 했지만, 자기주도학습법은 상위권 학생들만 가능한 학습법이라고 여겨졌다. 그러한 믿음이 엄마로 하여금 민지를 과목별 학원에 보내도록 했다.

　이러한 믿음은 때로는 만족감으로, 때로는 실망감으로 우리에게 다가온다. 부모는 아이의 성적이 나오지 않으면 더 많은 학원을 등록한다. 과목별로 선생님을 만나게 하는 것이 가장 확실하고 효과적인 학습방법이니까. 그러나 어머니의 노력에도 불구하고 학원을 더 보냈는데 성적은 잘 나오지 않는 악순환이 생길 때도 있다.

　이럴 때마다 부모님들은 '내가 잘하고 있는 것일까?' '결국은 아이 스스로 해야 하는 것이 아닐까?'를 고민한다. 그러나 시험까지 얼마 남지 않았다는 불안감과 우리 아이만 뒤처지면 안 된다는 생각에 관성의 법칙처럼 그동안의 방법을 고수하게 된다. 하지만 민지의 성적은 좀처럼 올라가지 않았고, 다시금 자기주도학습을 떠올리게 된다.

10년 전만 해도 자기주도학습은 새롭고 혁신적인 학습방법으로 소개되었으나, 이제는 너무나 당연한 학습법이 되었다. 서점에 가면 자기주도학습 비법서, 자기주도학습 플래너, 엄마의 자기주도학습 등 여러 종류의 책이 판매 중이고, 학원가에서는 자기주도학습을 표방하여 광고를 한다. 특목고(특수목적고등학교) 입시와 대학 입시에서도 자기주도학습 능력을 점검하는 자기소개서 문항이 있다. 자기주도학습이란 말이 이렇게 널리 주목을 받는 이유는 무엇일까?

표 1-1 대학 수시모집 자기소개서 문항(출처: 한국대학교육협의회)

구분	내용
1	고등학교 재학기간 중 학업에 기울인 노력과 학습 경험에 대해, 배우고 느낀 점을 중심으로 기술해 주시기 바랍니다.(1,000자 이내)
2	고등학교 재학기간 중 본인이 의미를 두고 노력했던 교내 활동(3개 이내)을 통해 배우고 느낀 점을 중심으로 기술해 주시기 바랍니다. 단, 교외 활동 중 학교장의 허락을 받고 참여한 활동은 포함됩니다.(1,500자 이내)
3	학교 생활 중 배려, 나눔, 협력, 갈등 관리 등을 실천한 사례를 들고, 그 과정을 통해 배우고 느낀 점을 기술해 주시기 바랍니다.(1,000자 이내)
4	지원 동기 등 학생을 종합적으로 판단하기 위해 필요한 경우 대학별로 1개의 자율 문항을 추가하여 활용하시기 바랍니다.(글자 수는 1,000자 또는 1,500자 이내로 하고 대학에서 선택)

대학을 진학하고서도 수강 신청을 학부모가 대신해 준다는 뉴스를 접하게 된다. 회사에 취업 후 몸이 아파서 결근하게 되었을 경우, 직원 대신 부모가 전화를 했다거나 사직서를 쓰는데 직원이 직접 쓰지 않고 부모가 대리로 제출했다는 뉴스도 접하게 된다. 부모가 이끄는 길을 따라오는 데 익숙한 학생들은 자기주도성보다 타인주도성에 길들여져 있다. 언제까지 자신의 삶을 타인의 결정에 의지해야 할까?

타인주도 공부를 탈피하기 위해서는 스스로에게 물어보고 방법을 찾아가는 과정이 필요하다. 음식점에서 메뉴를 고르거나 옷을 구입할 때를 상상해 보자. 편의점에서 과자를 살 때는 어떠한가? 생각해 보면, 우리는 자신의 취향이나 개성에 맞춰 무언가를 선택하는 데 익숙하다. 자신의 삶을 자신이 이끌어 가는 것. 자기주도력은 세상을 살아가는 데 있어서 반드시 익혀야 할 능력이다.

무늬만 자기주도학습 주의보

자기주도학습이라고 하면, 오로지 혼자서 공부하는 것이라고 착각하는 사람들이 있다. 민지 어머니의 고민도 여기서부터 시작된다. 자습실이나 독서실에서 조용히 혼자 공부하는 모습을 상상하는 것이다. 그러나 실제 현장에서의 모습은 상상과 사뭇 다르다. 자신이 이해한 것을 타인에게 설명하는 학생, 인터넷 강의를 듣고 있는 학생, 테스트를 보고 있는 학생, 공부한 내용에 대한 역질문에 답하는 학생, 이해가 잘 안 되어 질문하는 학생 등 다양하다.

어떤 모습이 진짜 자기주도학습의 모습일까? 자기주도학습이란 공부를 주도적으로 한다는 것이지, 혼자 공부한다는 것을 의미하는 건 아니다. 학생 스스로 판단했을 때 필요하다면 강의도 듣고 과외도 받을 수 있다. 단, 그것이 효과가 있는지, 지금 당장 필요한 것인지를 따질 수 있어야 한다. 학생의 판단이 미숙하고 경험이 부족할 수 있기 때문에 때로는 전문가의 도움을 받기도 한다.

학생들을 상담하다 보면, 엄마와 싸워서 짜증 난다는 학생, 요즘 공부가 너무 안 된다며 찡찡대는 학생, 잠을 너무 많이 잔다며 자책하는 학생 등 각자의 입장에서 다양한 이슈가 넘쳐난다. 진정한 자기주도학습은 이런 정서적인 부분까지도 주도적으로 제어할 수 있을 때 빛을 발한다. 정서가 안정되지 않은 상태에서 온전한 공부는 힘들다. 집중력이 떨어지고 다른 곳에 신경을 쓰게 된다. 정서적인 부분까지도 스스로 주도하며 공부에 몰입할 수 있을 때 자기주도학습이 완성되었다고 본다.

자기주도학습 경험은 수준에 따라 단계가 있다. 각 단계에 따라 학생들의 관심사와 생각이 다를 수 있으므로, 다른 전략과 태도를 가지고 학생을 만나야 진짜 자기주도학습이 완성된다.

표 1-2 자기주도학습 경험의 3단계

1단계: 적응	⇒	2단계: 성취	⇒	3단계: 도전

1단계: 적응

'적응' 단계는 자기주도학습을 처음 접하는 학생이 경험하는 시기다. 이들은 학원에서 수동적으로 수업만 들었거나 공부를 제대로 해본 적이 없는 학생들이다. 이 학생들이 적응기를 이겨내려면 필연적으로 '할 만하다'라는 느낌을 받아야 한다. "앉아 있기 괜찮았어요." "힘들지 않아요."라고 말한다면 일단 긍정적인 신호로 본다. 자기주도학습이 이런 느낌을 주기 위해서는 학생의 수준에 맞는 학습량, 인내심을 자극하지 않는 공부시간, 적절한 휴식 그리고 조금의 재미(또는 즐거움) 등이 필요하다. 이 학생들에게는 공부 자체에 대한 심리적 거부감을 제거해 주는 것이 효과적이다. 그러나 일정 기간이 지나면 반복된 일상에 의해 금방 싫증을 느끼게 되는 단계이기도 하다. 따라서 어느 시점에서는 반드시 2단계로의 성장이 이루어져야 한다.

2단계: 성취

'성취' 단계에 있는 학생들은 그날의 만족도를 공부의 양이나 질로 표현한다. 그 학생들은 "공부가 잘돼요." "오늘 많이 했어요." "이제 알 것 같아요." "다 외웠어요. 확인해 주세요." 등의 표현을 한다. 공부의 재미를 조금씩 느끼고 있다는 뜻이다. 은근히 좋은 성적을 바라고 열심히 하는 편이다. 칭찬과 인정은 이 학생들에게 아주 중요한 요소다. 공부를 더 열심히 하도록 하는 당근과도 같다. 다만 기복이 심하고 집중력이 길지는 않다. 특히 시험 이후에는 주의가 필요하다. 이 학생들은 마냥 놀고 싶어 하고 다시 공부하기까지 시간이 꽤 걸리기 때문이다. 이것이 화근이 되어 부모님과 갈등을 겪게 된다면 '공부가 지겹다'라는 인식으로 오히려 성적이 후퇴하는 경우도 발생한다. 이 단계에서 또 하나의 과제는 심화학습이다. 더욱 어려운 내용을 이해하려 노력하고 고난도 문제를 접해야 위의 단계로 발전할 수 있다.

3단계: 도전

'도전' 단계에 있는 학생들은 내일을 위한 보다 구체적인 목표를 수립하고 도전하는 학생들이다. 시험 후 분석을 통해 본인을 반성하고 고민하며 더 좋은 방법들을 자발적으로 찾는다. 자기보다 뛰어난 학생들은 어떤 교재를 보는지, 몇 번을 반복하는지, 어느 정도까지 공부하는지 구체적으로 물어보고 본인의 공부에 반영한다. 반드시 개선하고 실천한다. 더 어려운 문제에 도전하고 완벽하게 하기 위해 끊임없이 연습한다. 진학이나 진로에 대해서도 점점 뚜렷해진다. 이 학생들에게는 효과적인 공부 방법, 맥을 짚는 문제접근법, 정리가 잘되어 있는 요약 자료, 또는 아주 괜찮은 인터넷 강의 등을 다양하게 소개해 주고 자기화할 수 있게 하는 것이 중요하다. 이 학생들은 '더 나은 미래를 위해 자기 자신을 경영'하는 단계로서 이때가 비로소 진정한 자기주도학습이 이루어지는 시기라 볼 수 있다.

진짜 자기주도학습을 전수하는 선생님이라면, 단계별로 구분 지어 학생들을 지도할 수 있어야 한다. 각 단계를 벗어나기 위해서는 학생의 공부에 대한 인식의 틀이 바뀌어야 한다. 그러기 위해서는 시간이 요구된다. 자기주도학습은 한두 달 만에 뚝딱! 하고 이루어지는 일이 아니다. 최소한 6개월 또는 1년 이상의 긴 시간이 필요하고 인내심이 요구된다. 따라서 부모님의 역할이 중요하다. 단기적인 성과에 집착하지 말고 긴 안목을 가질 때 아이들은 비로소 자기주도학습을 할 수 있게 되고 성장할 수 있게 된다.

요즘 여기저기서 자기주도학습이라는 말을 사용한다. 심지어 교재에도 자기주도학습 교재라고 별칭이 있을 정도다. 학원을 가면 플래너를 사용하고, 자기주도학습실이 있으며, 질문을 받는 선생님이 있다. 이러면 자기주도학습이 완성될까? 형식적인 부분만 강조한다고 자기주도학습의 질적인 부분이 채워질까?

타고난 성향은 어떠한지, 가치관은 어떠한지, 어떤 교육적 환경을 가졌는지, 실제 공부방법은 어떤지 등 학생의 자기주도학습 수준을 이해하기 위해서는 적어도 몇 달은 매일 만나며 관찰하고 고민해야 한다. 이런 고민을 진지하게 하는 사람들과 시스템이 있어야만 진정한 자기주도학습이 아이에게서 발현될 수 있는 것이다.

진짜 자기주도학습을 만나다

자기주도학습은 이제 일반 명사가 되었다. 10년 전만 해도 자기주도학습이 무엇인지 하나부터 꼼꼼히 설명해야 했는데, 이제는 다들 웬만큼 자기주도학습의 정의를 안다. 그런데 선무당이 사람 잡는다는 말처럼, 어설프게 아는 게 오히려 독이 될 때도 있다.

자기주도학습은 자습?

앞서도 설명했지만, 자기주도학습의 가장 큰 오해 상대는 자습이다. 자습(自習)은 말 그대로 혼자 공부를 하는 것이다. 자기주도학습과 자습의 구분은 집합의 관계로 이해하면 쉽다. 한 반에 30명이 야간 자율 학습을 한다면, 자기주도학습을 제대로 하는 학생은 몇 명에 불과하다. 경험상 5명도 되지 않는다. 자기주도학습은 자습의 부분집합인 셈이다.

자기주도학습의 조건

자기주도학습은 영어로 Self-directed learning으로 '스스로 주도적으로' 학습을 하는 것이 핵심이다. 학생이 주도적이야 한다. 그렇다면 어떤 부분에서 주도적이야 하는가?

자기주도학습은 몇 가지 필수 요소가 있다. 유명 학습법 강사는 강연에서 '마·방·실'이라고 해서 '마음-방법-실천'의 3단계로 설명하기도 하고, 자기주도학습 국내 1위 교육기관인 에듀플렉스(EDUPLEX)는 이를 '목표-계획-실천-자기반성'의 4단계로 설명하기도 한다.

대부분의 학생은 목표를 가지고 있다. 요즘 목표가 없는 학생은 드물다. 점수가 되었든, 등수가 되었든 목표는 모두 있다. 그런데 대부분 2단계인 계획부터 막히기 시작한다. 수학 90점이 목표인데, 수학 90점을 받는 계획은 스스로 세우지 못하는 것이다. 이런 학생들에게 목표를 달성해 본 적이 있냐고 물어보면 목표를 달성해 본 적은 있다고 말을 한다. 어떻게 목표를 달성하게 되었냐고 물으면, 학원에서 시키는 대로 공부를 했더니 목표를 달성했다고 말한다.

계획을 제대로 세우는 학생이 드물다

자기주도학습이 완성되기 위해서는 스스로 계획을 세울 수 있어야 한다. 계획을 제대로 세우기 위해서는 여러 가지 지식과 기준이 필요하다. 우선은 교재, 인강, 학원, 과외 등 다양한 정보를 많이 알고 있어야 한다. 자신에게 최적의 학습 도구가 무엇인지 알고 있어야 공부를 효과적으로 진행할 수 있다.

시간을 확보하고 활용할 수 있는 능력도 매우 중요하다. 하루에 몇 시간을 공부할 것인지, 일주일 동안 확보된 시간 중에서 국·영·수·사·과에 시간 분배를 어떻게 할 것인지, 목표 점수를 받기 위해 어떤 교재를 사용할 것이며, 몇 회독을 할 것인지, 1회독에는 며칠을 투자하고 2회독 때는 며칠을 투자할 것인지, 1회독 때는 굵은 글씨 위주로 보고 2회독부터 본격적으로 암기할 것인지, 2회독 때 문제집을 가볍게 풀어보고 오답을 추출한 다음에 3회독부터는 오답 위주로 공부할 것인지 등 계획 분야에서 어떻게 전략을 운영하느냐에 따라 시험의 성패가 좌우된다.

목표를 달성시켜 줄 계획만 제대로 세울 수 있다면, 자기주도학습은 50% 이상 완성된 것이나 다름없다. 왜냐하면, 목표를 달성시켜 줄 계획이기 때문에 이 계획대로 100% 실천만 하면 목표는 자동 달성되기 때문이다. 그런데 문제는 실천하는 학생이 드물다는 것이다.

계획이 먼저냐 실천이 먼저냐

'닭이 먼저냐, 달걀이 먼저냐'의 문제처럼, '계획이 먼저냐, 실천이 먼저냐'의 문제가 있다. 집에서 공부를 열심히 하는데 성적이 안 올라 고민인 학생이 있다. 학습 계획이 엉망인 것이다. 학습매니저가 아무리 뛰어난 학습 계획을 세워도 학생이 실천하지 않으면 무용지물인 경우가 있다. 속된 말로 '엉덩이 힘'이 없는 것이다.

학생의 공부 의지가 약할 경우, 매일 꾸준히 앉아서 공부할 수 있는 힘인 엉덩이 힘을 우선 길러야 한다. 평소에 공부를 안 하다가 마음먹고 공부하겠다는 학생은 작심삼일(作心三日)인 경우가 많다.

계획과 실천 중 뭐가 더 우선이냐고 묻는다면, 실천하는 힘이 중요하다고 말하고 싶다. 습관은 하루아침에 만들어지지 않는다. 완벽한 계획이 아니더라도 매일 꾸준히 공부하는 엉덩이 힘이 먼저 만들어졌을 때, 계획도 빛이 난다.

마지막은 자기반성

공부 의지도 있고, 공부도 열심히 하고, 계획도 잘 짰는데, 성적이 오르지 않는 경우가 있다. 자기점검, 자기반성 능력을 키워야 한다. 자신을 객관적으로 바라보는 힘, 메타인지(Metacognition)를 키워야 한다. '공부를 열심히 했다'의 기준은 무엇인가? '계획을 잘 짰다'의 기준은 무엇일까?

전문가인 학습매니저의 눈으로 볼 때는 부족하거나 어설픈 부분이 보인다. 그런데 학생은 인지를 못 하고 있다. 발전을 가로막는 가장 무서운 적은 자기 자신이다.

스스로 잘한다고만 생각할 때, 우리는 성적 정체기에 접어들 수 있다. 슬럼프를 맞이할 수 있다. 그럴 때일수록 자신을 객관적으로 바라보는 힘이 필요하다. 온전히 자신을 객관화할 수 있을 때, 한결 수월하게 다음 단계로 발전해 나갈 수 있다.

옛말에 물고기를 잡아 줄 것이 아니라 물고기 잡는 법을 알려주라고 했다. 진정한 스승이라면, 물고기를 잡아 주는 게 목적이 아니고 물고기 잡는 방법을 알려 주는 것도 목적이 아니며 물고기 잡는 방법을 스스로 터득하고 익히게 해야 한다. 그리고 이것이야말로 진정한 자기주도학습을 전수하는 것이라 생각한다.

부모는 자녀의 공부 방아쇠를 당겨주어야 한다. 학생이 변화하는 시기나 요인은 너무나 다양하다. 목표-계획-실천-반성의 네 영역 중 어느 부분에서 강점이 있는지, 어떤 부분이 약한지, 어디에서 변화가 일어나야 할지 등을 면밀히 관찰해야 한다. 아이의 변화에 불을 붙여 주는 요인, 그것을 세계적인 행동변화 코치인 마셜 골드스미스(Marshall Goldsmith, 1949년~)는 '트리거(Trigger)'라고 했다.

우리 아이의 트리거는 무엇인가

학생의 트리거는 다양한 형태로 나타난다. 앞서 나왔던 민지를 예로 들면, 민지는 '학습효능감'이 매우 낮게 나왔다. 공부에 대한 자신감이 부족했다. 자신이 공부하면 성적이 잘 나올 것이라는 기대가 낮았다. 자신감이 부족한 상태로 공부를 하게 되면 공부를 쉽게 포기하게 된다. 공부하더라도 성적이 올라가지 않을 거라는 생각에 빠지게 된다. 공부를 하고 있지만, 수동적으로 하게 된다. 발전을 위한 공부가 아닌, 숙제를 위한 공부를 하게 된다. 매일 공부를 하지만, 그 공부가 학생의 발전을 위해 쓰이는 것이 아니라 일종의 노동으로 작용하고 있다.

민지는 의사가 되겠다는 꿈을 가지고 있었으나, '진로 성숙도'는 낮았다. 진도 성숙도가 낮은 상태에서 만들어진 '진로목표'는 강력한 힘을 발휘하기가 어렵다. 진로 성숙도가 낮다는 것은 진로나 진학에 대해 깊이 있는 고민을 하지 않았다는 뜻으로, 목표로 하는 진로가 다양한 탐색 없이 수립되었을 가능성이 크다. 민지와 대화를 나눠보니, 민지의 진로는 본인이 스스로 만든 것이 아니라 어머니의 권유 때문에 만들어진 진로임을 알 수 있었다. 민지는 의사가 왜 되고 싶은지, 의사가 되기 위해서 어떤 공부를 해야 하는지, 의대를 가고 싶은 것인지, 치대를 가고 싶은 것인지, 한의대를 가고 싶은지 등 진로와 관련된 질문에 하나도 대답하지 못했다.

무엇보다 민지는 '자아존중감'이 낮았다. 공부해도 오르지 않는 성적, 계속되는 목표 달성에 대한 실패로 인해 스스로 무기력함에 빠져들어 있었다. 공부하면 성적이 오를 것이라는 자신감이 부족했고, 스스로 공부를 해도 안 될 것이라는 생각을 하고 있었다. 패배감에 젖어 있는 민지 혼자서 이 상황을 스스로 이겨내기에는 버거워 보였다.

학습적인 측면에서, 민지의 'CHAMP 흐름'은 낮은 수준을 보였다. 'CHAMP'란 이해(Comprehend)-사고(tHink)-정리(Arrange)-암기(Memorize)-문제풀이(Problem-solving)의 학습 5단계를 뜻한다. 우리가 공부를 효율적으로 하기 위해서는 충분한 이해와 사고를 바탕으로 스스로 내용을 정리하고 암기한 후 문제를 풀어야 한다. 민지는 숙제 수행을 위해 양적으로 많은 문제를 풀고는 있었으나, 이해-사고가 기반이 되지 않은 채 문제를 푸는 것에만 급급했다. 즉, 공부하는 양적 시간은 많으나, 지식을 자신의 것으로 만드는 질적인 공부 시간은 현저히 적었다.

민지는 많은 시간을 공부에 투자했으나, '교재에 관한 정보'는 다른 학생들보다 모르고 있었다. 적극적으로 서점에 가서 문제집을 찾아보거나 친구나 선생님에게 교재를 물어보는 활동은 거의 한 적이 없었다. 본인에게 어떤 교재가 적합한지, 어떤 교재로 공부해야 실력이 향상될지 등에 대해 고민해 본 적이 없다고 말했다. '학습 계획' 또한 스스로 세워본 적이 없었다. 자신에게 가장 효율적인 공부 계획이 무엇인지, 과목별로 어떻게 시간을 투자해야 하고, 하루에 몇 시간을 공부해야 하는지, 하나의 문제집은 몇 회독을 해야 온전히 자신의 것이 되는지 등에 대해 생각하지 않았던 것이다.

행동적인 면은 어떨까? 항상 학원 숙제에 쫓기며 공부를 하다 늦게 자는 습관이 만들어진 민지는 '수업 집중도'가 낮았다. 학교 수업은 잠을 자며 보내는 시간이 많았다. 그러다 보니, 노트 필기는 부실했고, 친구들은 어떻게 공부하는지, 선생님은 어떤 점을 강조했는지 놓치는 경우가 많았다.

학원 수업 또한 마찬가지로 '집중도'나 '인내심'이 부족했다. 피곤한 몸, 맑지 못한 정신으로 하루에도 몇 개씩 학원 수업을 들었으니, 민지뿐만 아니라 건강한 성인일지라도 매일 집중하기는 힘들었을 것이다. 집에서의 숙제도 마찬가지다. 수시로 화장실을 가거나 물을 마시러 냉장고를 열고, 휴대폰을 체크하다 보니 공부에 대한 '절제력'이 낮은 것으로 나타났다.

에듀플렉스 학습매니저들은 어디서 이런 트리거를 찾아내는 것일까?

변화의 시작은 STAR에 있다

에듀플렉스 학습매니저가 학생의 변화 트리거를 명확하게 찾아내는 원동력은 어디에 있을까? 에듀플렉스는 VLT 4G(Generation) 검사를 통해 학생의 트리거를 찾아낸다. VLT 검사란 무엇인가?

'VLT'란 Very Large Telescope의 약자로 거대한 망원경을 뜻한다. VLT 검사는 학생의 자기주도학습 상태를 거대한 망원경처럼 꼼꼼하게 찾아내고 분석하겠다는 의미로, 특허를 받은 국내 최초의 자기주도학습 심리-수행 검사이다. VLT 검사는 진화를 거듭하여 현재 4세대 프로그램이 운영 중이며, VLT 4G 검사는 STAR라는 네 글자에 맞추어 네 영역으로 나누어져 있다.

표 1-3 STAR의 네 영역에 대한 설명

검사의 단계	검사 설명
Sense Your Dream	꿈과 목표를 찾기 위한 자기 이해의 과정
Think the Best Way	목표를 실현하기 위한 최선의 방법을 찾는 과정
Act Persistently	수립한 계획을 어긋남 없이 실천하는 과정
Review Positively	일련의 과정들을 되돌아보며 반성하고 자기고침을 하는 과정

STAR의 원리는 자기주도학습의 원리와 상통한다. 자기주도학습이

목표-계획-실천-반성의 4단계를 거치듯, STAR 또한 4단계를 충실히 반영하고 있다. 검사의 첫 번째 단계인 'Sense Your Dream'은 학생의 꿈과 목표를 찾기 위해 MBTI 검사를 비롯해서 다양한 검사를 진행한다. 이 과정을 통해 학생의 욕구성향, 대인관계 성향, 학습 변화 준비도 등을 알 수 있게 된다.

'Think the Best Way' 영역에서는 목표를 달성시켜 줄 전략 및 계획에 관한 점검을 한다. 학생이 어떤 과목에서 성취가 좋은지, 어떤 과목을 좋아하는지, 문제집, 인강, 학원 등 학습 도구를 많이 알고 있는지, 공부 계획은 세울 수 있는지, 학원이나 과외에 의존하지 않고도 공부를 자립해서 할 수 있는지 등을 살펴본다. 이런 결과를 바탕으로 더욱 효율적인 공부 계획을 도출한다.

'Act Persistently'는 학습 행동, 실천에 관한 영역이다. 에듀플렉스는 공부를 하는 데 있어서 이해(Comprehend)-사고(tHink)-정리(Arrange)-암기(Memorize)-문제풀이(Problem-solving)의 5단계인 CHAMP 학습법을 강조한다.

표 1-4 CHAMP 학습법에 대한 설명

단계	학습법 설명
C(이해)	새로운 것을 학습하기 전, 기본적으로 알아야 하는 사전 지식
H(사고)	습득할 지식을 다양한 의미와 배경지식을 바탕으로 재해석하는 것
A(정리)	암기하기 쉬운 형태로 습득할 지식을 정리하는 것
M(암기)	습득할 지식을 잊어버리지 않고 사용할 수 있도록 기억하는 것
P(문제해결)	습득된 지식을 바탕으로 주어진 문제를 올바르게 풀어내는 것

마지막으로 'Review Positively' 영역은 학생의 자기주도학습 활동에 대한 반성 정도를 점검한다. 시험을 대하는 태도는 어떤지, 시험 후 오답 정리를 하는지, 기초 어휘력은 어떤지, 국·영·수 공부를 하는데 있어서 CHAMP의 어떤 영역이 부족한지, 자신의 성공과 실패가 어디서 기인했다고 보는지 등 메타인지 능력을 측정한다.

이어질 2~5장에서는 STAR 각 영역을 하나씩 세부적으로 살펴볼 예정이다. 2장은 〈Sense your dream - 꿈이 있어야 공부가 된다〉, 3장은 〈Think the best way - 나에게 꼭 맞는 학습전략을 구상하라〉, 4장은 〈Act persistently - 상위권의 공부습관을 익혀라〉, 5장은 〈Review positively - 공부를 긍정적으로 되돌아보라〉를 다룬다.

우리 아이의 어떤 트리거가 발견될지, 함께 떠나 보자.

★ 이번 장을 읽으면서 느낀 점은 무엇이 있나요?

★ 이번 장을 읽은 후 실천할 점을 정리해 봅시다.

2장

::

STAR - SENSE YOUR DREAM
꿈이 있어야 공부가 된다

"사람은 목표를 가짐으로써 스스로 크게 된다."

실러
Johann Christoph Friedrich von Schiller

자기주도학습의 출발점

"자기주도학습의 핵심은 스스로 공부하는 것이다."

누군가에게 자기주도학습이 무엇이냐고 물어보면 대부분 혼자 공부하는 것이라고 한다. 이 대답은 자기주도학습의 핵심이 빠진 말이다. 혼자 공부하는 것은 독학이다. 자기주도학습은 공부를 스스로 하는 것이다. 혼자와 스스로의 차이를 명확히 해야 한다.

에듀플렉스는 자기주도학습을 '학생 스스로 목표를 세우고 목표를 이루기 위한 계획을 세워 자신에게 맞는 방법으로 실천하고 점검하는 과정'이라고 정의한다. 공부의 중심은 자기 자신이어야 한다. 자기주도학습을 위해 처음 해야 하는 활동은 스스로 목표를 세우는 것이다.

자기주도학습 목표는 어떤 것이 있을까

목표의 종류는 시험 점수 목표, 방학 학습 목표, 대학 진학 목표, 진로 목표 등 다양하다. 이런 목표의 종류를 아는 것도 중요하지만, 가장 중요한 것은 '스스로' 목표를 세우는 행동이다. 나이가 어린 학생일수록 스스로 목표를 세우기보다는 부모님이 세워주는 경우가 많다. 어렸을 때는 아는 것이 많지 않기에 따라가는 경우가 있지만, 학년이 올라갈수록 학생의 입장에서 자신에게 맞지 않는 목표를 강요당할 수 있다.

자신이 스스로 세운 목표를 달성했을 때 우리는 성취감을 얻는다. 이 성취감은 앞으로 더 나아갈 수 있는 원동력이 된다. 많은 성취감을 경험한 학생일수록 자신감도 커지고 공부하려는 의지도 높아진다.

스스로 목표를 세우는 방법

자신에게 맞는 목표를 세우기 위해서는 잘하는 것, 성격의 장단점, 진학, 진로 등을 알아야 한다. 만약 이런 질문에 대답하지 못한다면 누군가가 옆에서 학생과 함께 고민하고 학생이 스스로 자신을 잘 파악할 수 있도록 도움을 주어야 한다.

자아탐색, 진로탐색 등을 통해 자신을 파악하고 자신에게 맞는 목표를 세웠다면, 이제는 공부하는 방법을 알아야 한다. 스스로 공부 계획을 세워 그날 배운 수업내용을 다 이해하고 있는지, 복습하는 습관이 되어 있는지, 성적을 올리기 위해 어떤 노력을 해야 하는지 등을 스스로 점검해야 한다.

자기주도학습의 시작은 자신을 이해하고 목표를 세우는 것

목표가 없으면 자기주도학습의 출발은 늦어진다. 성공한 사람들은 목표를 가지고 도전했다. 중간에 시련과 좌절을 맛보면서도 굴하지 않고 인내하며 노력을 통해 자신이 원하는 목표를 달성했다. 자신의 의지를 키우기 위해 철저하게 준비하고 행동으로 실천하여 성공이라는 목표를 이룰 수 있었다.

2장 〈Sense your dream - 꿈이 있어야 공부가 된다〉에서는 다양한 요소들을 통해 나는 누구인지를 알아보고, 다양한 목표들에 대해서 하나씩 살펴보고자 한다.

자기 이해 ①
- MBTI로 알아보는 16가지 성격 유형 -

교육 현장에 있으면 다양한 모습의 학생들을 만난다. 매년 이름과 얼굴이 다른 새로운 아이들을 만나지만, 그 속에서도 작년에 만났던 학생과 비슷한 성향의 학생을 올해 또 만나기도 한다. 해마다 학생들은 달라지지만 비슷한 행동 패턴을 나타내는 학생들이 꼭 있다. 비슷한 행동 패턴을 보이는 학생들의 공통점 중 하나가 바로 성격이다.

성격을 알아보는 대표적 검사로는 MBTI(Myers-Briggs Type Indicator)가 있다. MBTI는 마이어스(Isabel Briggs Myers, 1897~1980년)와 브릭스(Katharine Cook Briggs, 1875~1968년)가 융(Carl Gustav Jung, 1875~1961년)의 심리 유형론을 토대로 고안한 자기 보고식 성격 유형 검사이다.

MBTI의 목적은 인간을 16가지 성격유형으로 분류하여 자신과 타인을 이해하고 더 나아가 일상생활에 도움을 주는 것이다. MBTI는 지능, 질병, 스트레스, 능력, 성숙 정도, 학습숙련도 등을 측정할 수는 없다. MBTI가 검사할 수 있는 것은 단 한 가지, 심리적인 선호성이다.

선호성에는 정답이 있지 않다. 예를 들어 손깍지를 껴보자. 누구는 오른 엄지손가락이 위에 있을 것이고 누구는 왼 엄지손가락이 위에 있을 것이다. 어떤 엄지손가락이 위에 있어야 한다는 답은 없다. 그저 자신이 편한 것을 찾아가는 것이다.

이제부터 MBTI 이론에 따라 유형별 특징과 학습법 등을 알아보자. 앞에서 나온 민지의 경우에는 어머니는 ISTJ 유형, 민지는 ENFP 유형으로 나왔다. 이런 유형들의 특징은 무엇일까?

MBTI에서는 4가지 선호지표가 있다.

외향(E) VS 내향(I)

에너지의 방향에 따라 외향(E), 내향(I)으로 구분된다. 외향을 선호하는 사람들은 외부세계(외부환경이나 사람들)와의 상호작용을 중요시한다. 말로 표현하는 것을 좋아하고 다수와의 다양한 관계를 선호한다. 이들은 타인에게 먼저 다가가는 경향이 있다. 반대로 내향을 선호하는 사람들은 내부세계(내적인 생각과 반추)와의 상호작용을 중요시한다. 그래서 글로 표현하는 것을 좋아하고 소수와의 밀접한 관계를 선호한다. 또한, 타인이 다가오는 것을 기다리는 경향이 있다.

감각(S) VS 직관(N)

정보를 수집하는 방식에 따라 감각(S), 직관(N)으로 구분된다. 감각을 선호하는 사람들은 오감(시각, 청각, 미각, 촉각, 후각)을 통해 정보를 획득한다. 보통 실제적인 정보를 선호하고 세밀한 부분을 잘 감지한다. 이들은 차례대로 한 단계씩 일하며 관례와 전통을 중요시하는 경향이 있다. 반대로 직관을 선호하는 사람들은 육감(예감, 관련성 그리고 통찰 등)을 통해 정보를 획득한다. 그래서 뭔가 영감을 얻을 수 있는 정보를 선호하고 전체적인 맥락을 잘 감지한다. 또한, 변화와 다양성을 중요시하는 경향이 있다.

사고(T) VS 감정(F)

결정하는 방식에 따라 사고(T), 감정(F)으로 구분된다. 사고를 선호하는 사람들은 공평한 기준, 원인과 결과, 지속적인 원칙이나 진리 그리고 논리적인 분석들을 토대로 결정하기를 좋아한다. 이들의 대표적인 특징으로는 정의와 공평을 중요시하고 자연스럽게 비평하고 해결책을 제시하는 것을 좋아한다는 점이 있다. 이들은 드라마 등 TV를 볼 때도 외부 관찰자의 입장에서 상황을 바라보는 경향이 있다. 반대로 감정을 선호하는 사람들은 주관적인 가치를 평가함으로써 결정한다. 그래서 관계와 조화를 중요시하고 자연스럽게 공감하고 칭찬을 잘 한다. 또한, 드라마 등 TV를 볼 때도 내부 참여자의 입장에서 상황을 바라보다 보니 감정 이입이 잘 되는 경향이 있다.

판단(J) VS 인식(P)

우리가 어떻게 외부세계에 접근하느냐를 다루는 삶의 태도에 따라 판단(J), 인식(P)으로 구분된다. 판단을 선호하는 사람들은 결정하고, 계획하며, 질서 있는 삶을 좋아한다. 이들의 대표적인 특징으로는 조직화된 생활양식, 명확한 순서와 구조를 선호한다는 점이 있다. 이들은 보통 삶을 자신의 통제하에 두고 싶어 한다. 마감일과 계획을 적극적으로 운영한다. 반대로 인식을 선호하는 사람들은 융통성 있고, 적응하며, 순발력 있는 삶을 선호한다. 그래서 유연성 있는 생활양식, 자연스러운 흐름을 선호한다. 삶이 발생하는 대로 적응하고자 하며 시간의 변경에 대해 융통성을 가지고 있다.

이상 MBTI의 네 가지 선호지표를 알아보았다. 이 선호지표를 기준으로 결과는 총 16가지 유형으로 나타나게 된다. 다음은 16가지 유형을 보여주는 표이다. MBTI 기관을 통해 검사할 수 있고 인터넷에서 간단한 검사도 가능하니 이것을 활용해볼 것을 권한다.

그림 2-1 MBTI의 16가지 유형[출처: ㈜한국MBTI연구소]

나는 어떤 유형일까? 나의 자녀의 유형은 무엇일까?

검사를 해보았다면 유형별 특징을 알아보자. 다음은 유형별 특징을 학생들의 성격을 중심으로 정리한 것이다.

① ISTJ(한결같은 태도와 꼼꼼함이 빛나는 아이들)

- 부끄러움을 많이 탄다.	- 성실하고 책임감이 강하다.
- 자발성이 부족하다.	- 양처럼 순하고 순종적이다.
- 자세한 설명을 선호한다.	- 창의적인 면과 융통성이 부족한 편이다.

② ISTP(가슴에 불을 가지고 조용하게 세상을 바라보는 아이들)

- 말수가 적고, 표정 변화가 거의 없다.
- 뒷마무리가 부족하다.
- 손재주가 있다.
- 여러 가지에 관심이 많다.
- 끈기가 부족하다.
- 조용하다가도 일은 성급하게 한다.

③ ESTP(유머와 재치로 시원시원하게 행동하는 아이들)

- 개방적, 활동적, 적극적, 진취적이다.
- 끝마무리가 부족하다.
- 행동이 많고 목소리가 크며 산만하다.
- 항상 즐겁다. 재치꾼이다.
- 복잡한 것을 싫어한다.
- 임기응변이 뛰어나고 호탕하다.

④ ESTJ(씩씩한 대들보 같은 아이들)

- 모범적이고 솔선수범한다.
- 합리적으로 생각한다.
- 경쟁에서는 이겨야 한다.
- 정리정돈을 잘하고 책임감이 강하다.
- 친구나 주변 사람을 배려하는 리더 역할을 한다.
- 질서와 사회적인 관습을 중시한다.

⑤ ISFJ(한결같은 깔끔함으로 조용하게 즐거운 아이들)

- 온순하다.
- 소수와 깊게 사귄다.
- 규칙을 준수하며 계획적이다.
- 봉사적이며 착하다.
- 은근한 멋쟁이다.
- 행동력이 부족하다.

⑥ ISFP(조용하게 주변에 영향력을 미치는 너무도 착한 아이들)

- 마음이 너그럽고 순하다.
- 부끄럼을 많이 탄다.
- 주변의 요구를 뿌리치지 못한다.
- 행동이 느리다.
- 잔잔하게 산만한 편이다.
- 가끔 과격한 행동을 한다.

⑦ ESFP(쾌활한 웃음의 눈을 가진 현실에 충실한 아이들)

- 활발하다. 천방지축이다.
- 감정적이다.
- 단순하다. 솔직하다.
- 표정이 밝다.
- 언제나 놀고 싶다.
- 적응력이 뛰어나다.

⑧ ESFJ(생동감 넘치는 조화로운 수다쟁이 아이들)

- 명랑 쾌활하다.
- 미리 걱정하는 경향이 있다.
- 표현력과 리더쉽이 뛰어나다.
- 감정이 풍부하다.
- 친구들과 잘 어울리고 좋아한다.
- 분명한 과제와 자세한 설명을 좋아한다.

⑨ INFJ(깊고 따뜻한 내면을 가진 공감적인 아이들)

- 조용하고 침착하다.
- 또래보다 성숙한 사고력을 지니고 있다.
- 학급 일에 적극적으로 임하지 않는다.
- 책임감이 강하다.
- 시끄럽고 복잡한 것을 싫어한다.
- 개인적인 감화에 크게 고무된다.

⑩ INFP(깊은 내면의 고집을 가진 따뜻한 아이들)

- 조용하고 말이 없으나 마음은 깊고 따뜻하다.
- 약간 느리며 꾸준하지 못하다.
- 사려 깊다.
- 민감한 정서 세계, 동정심이 많다.
- 칭찬과 비난에 민감하다.
- 온화하고 부드럽다.

⑪ ENFP(순수함 속에 기발함이 빛나는 아이들)

- 순진하고 순수하다.
- 분위기만 맞으면 과잉행동을 한다.
- 칭찬에 민감하다.
- 활발하다.
- 딴생각을 곧잘 한다.
- 반복 훈련 연습을 싫어한다.

⑫ ENFJ(순수한 열정과 절대적 책임의 감성적 아이들)

- 온순하고 착하다.
- 딴 세계에 빠져있을 때가 종종 있다.
- 친구들과 잘 어울린다.
- 주변 상황에 영향을 많이 받는다.
- 특정 분야는 지나칠 정도로 진지하다.
- 뜻밖의 행동으로 주변을 놀라게 한다.

⑬ INTJ(독립적인 사색가로 매사를 진지하게 탐구하는 아이들)

- 고집이 아주 세고, 대단히 강하다.
- 모든 일에 이유가 많다.
- 감정표현은 없으나 상처를 쉽게 받는다.
- 소수와 깊게 사귄다.
- 이론적, 논리적으로 따진다.
- 승부욕이 강하고 이길 때까지 한다.

⑭ INTP(좋아하는 것이 분명한 호기심 천국의 아이들)

- 만물박사이고 논리적이다.
- 자기중심적, 간섭이나 잔소리를 싫어한다.
- 잘못된 일은 꼭 지적한다.
- 호기심이 많다.
- 감정이 단순하다.
- 관심이 없는 영역은 하지 않는다.

⑮ ENTP(독창적인 카리스마를 가진 가능성의 아이들)

- 활발하며 독창적이다.
- 고집이 세다.
- 쉽게 포기하는 편이다.
- 상상력과 표현력이 뛰어나다.
- 다방면에 관심을 가진다.
- 자기 논리에 빠지기 쉽다.

⑯ ENTJ(옳지 않은 세상에 맞서는 당당함이 빛나는 아이들)

- 원리원칙주의자이다.
- 간섭을 싫어한다.
- 통솔력이 있다.
- 논리적인 언어표현을 구사한다.
- 철저한 준비 자세를 보인다.
- 계획하고 마음먹은 것은 해낸다.

MBTI 특징을 통해 부모님과 자녀의 다른 점을 알고 서로 이해할 수 있어야 한다. 민지의 유형인 ENFP와 어머니의 유형인 ISTJ 유형이 어떻게 서로를 이해해야 하는지 알아보면 MBTI가 한결 쉽게 다가올 것이다.

민지(학생) ENFP VS 어머니 ISTJ

학생의 선호지표는 직관(N)이고 어머니는 감각(S)일 경우
현실적이고 꼼꼼하게 주변을 살피는 어머니의 성향으로 볼 때 학생은 현실 감각 없는 이야기를 하는 어린아이로 보일 수 있다. 하지만 학생은 사건이나 사물을 있는 그대로 보는 것이 아니라 그 이면의 의미나 본질을 보려는 성향이 강하며, 이것이 창의적인 발상으로 이어지는 경우가 많다. 따라서 어머니는 이러한 학생의 장점을 존중하면서, 학생이 주변을 잘 챙길 수 있는 자기 관리 방법에 도움을 주어야 한다.

학생의 선호지표는 인식(P)이고 어머니는 판단(J)인 경우
어머니는 정해진 계획에 따라 행동하는 것을 선호하는 반면 학생은 융통성을 발휘하여 상황에 따라 대처하는 것을 좋아한다. 어머니가 보기에는 학생의 행동들이 무계획적이고 무책임하게 보일 수도 있으며, 학습에 있어서도 결점이 된다고 생각할 수 있다. 무작정 나무라기보다는 꼭 해야 할 것은 하도록 규칙을 정하되, 상황에 따라 바뀔 수 있는 것에 대해 학생과 미리 이야기할 수 있는 관계를 만들어 학생의 성향을 존중하는 모습을 보여야 한다.

성격에 따라 도움이 되는 학습법이 분명 존재한다. MBTI에서는 기질별로 학습태도나 도움이 되는 학습지도 방법을 다음과 같이 이야기하고 있다. MBTI에서 기질은 크게 SJ 기질, SP 기질, NF 기질, NT 기질로 나눈다.

① SJ 기질

유형	학급에서 학습태도	요구되는 학습지도
ISTJ ISFJ ESTJ ESFJ	- 모범생(규칙, 과제물, 준비물 철저 준수) - 학급의 보배(교사의 보조역할) - 짜여진 수업 선호 - 교사중심의 주입식 수업 선호 - 교과서, 참고서, 문제집 선호 - 단답형, 선택형 시험 선호	- 체계적, 단계적 학습지도 - 복습 중심의 학습지도 - 학습량 설정지도 - 창의적, 융통성을 키우는 점진적 활동

② SP 기질

유형	학급에서 학습태도	요구되는 학습지도

ISTP
ISFP
ESTP
ESFP
	- 장난꾸러기
	- 다양한 자료, 교구 활용 요구
	- 교사중심 주입식, 설명식 수업은
	  비효율적
	- 자유롭고 허용적인 분위기와 공간학
	  습 선호
		- 짧은 집중력을 요하는 학습전략
		- 간헐적인 물질적 보상
		- 즉흥적인 활동, 자유스러움, 허용적인
		  분위기와 공간 제공
		- 시청각 자료 활용학습
		- 간헐적인 시간 한계 상기

③ NF 기질

유형	학급에서 학습태도	요구되는 학습지도

INFJ
INFP
ENFP
ENFJ
	- 꿈꾸는 공상가, 꿈나무
	- 학급의 따뜻한 햇살
	- 사람 혹은 자신과 관계짓는 의미 연결
	  학습 선호
	- 통찰력, 예리함, 창의성과 기발함을
	  언어표현에서 발휘
	- 개인적 격려, 친숙한 급우와의 소그룹
	  작업 선호
		- 풍부한 정서 교류가 병행하는 학습지도
		- 틀에 매이지 않는 표현지향 학습지도
		- 문학, 역사, 소설, 시 등 내면을 자극하고
		  살찌우는 교과과정 배정
		- 조직, 체계, 반복 연습에 약한 것을
		  돕기 위해 기록, 녹음, 녹화방법 활용
		- 소그룹 작업 학습지도

④ NT 기질

유형	학급에서 학습태도	요구되는 학습지도

INTJ
INTP
ENTP
ENTJ
	- 꼬마 과학자
	- 학급의 지성
	- 한 가지 테마를 가지고 깊이 있게 관찰
	  연구하는 것을 선호
	- 지적 호기심과 독립심 강함
	- 과학영역의 탐구학습 선호
	- 교사의 일방적 설명을 싫어함
		- 주제를 주어 개별적 탐구학습지도
		- '우리나라 도자기' 혹은 '별의 세계' 등
		  지적 호기심을 자극하는 학습 선호
		- 추론 학습으로 유도
		- 강한 개성, 강한 자존심을 학습 장면에서
		  효율적으로 활용할 필요가 있음
		- 참견, 조언을 삼가는 학습지도

MBTI 이론은 참고 자료이지 절대적인 것이 아니다. 하지만 활용을 잘한다면 학생들을 이해하는 데 도움이 된다. 학생의 변화는 학생을 이해하는 것에서 시작임을 항상 잊지 말자.

자기 이해 ②
- 욕구성향으로 알아보는 나-

"나의 마음은 무엇을 원하는가?"

사람들이 행동을 선택할 때, 행동의 결과가 어떤 가치를 충족시켜 주는 바에 따라서 무의식적으로 끌리는 특정한 가치들이 있다. 공부할 때도 마찬가지이다. 공부하는 데 있어서 학생의 욕구가 충족되지 않을 경우, 공부나 생활이 불안정해질 수 있다. 에듀플렉스는 윌리엄 글래서(William Glasser, 1925년~)의 선택이론을 참고하여 학생의 욕구를 5가지로 분석한다. 그 욕구는 생리적 욕구, 사랑과 소속의 욕구, 힘(성취)의 욕구, 자유의 욕구, 즐거움의 욕구이다.

생리적(생존의) 욕구(Survival Need)

생리적 욕구는 배고픔이나 수면 욕구 같은 기본적인 신진대사와 관련된 만족을 얻는 것을 중요하게 생각하는 것이다. 생리적 욕구가 높은 학생들은 공부할 때도 배고프면 우선 먹어야 하고 졸리면 자야 한다. 이 욕구가 해결되지 않으면 공부 의지가 한없이 낮아지게 된다.

사랑과 소속의 욕구(Love&Belonging Need)

이 욕구가 높은 사람은 타인에게 인정을 받거나 사랑을 받는 것을 중요하게 생각한다. 이런 경우 사랑을 얻기 위해 자신도 타인에게 많은 관심을 쏟게 되며 또한 특정 집단에 소속되고자 하는 형태를 보이기도 한다. 사랑과 소속의 욕구가 높은 학생에게는 학생의 이름을 한 번 더 불러준다거나, 학생이 하는 행동, 관심사를 알고 표현해주면서 학생의 욕구를 충족시켜줘야 한다.

힘(성취)의 욕구(Power Need)

힘의 욕구는 경쟁하고, 성취하고, 중요한 존재가 되고 싶어 하는 속성을 말하는 것으로 다른 말로는 성취의 욕구라고 한다. 다른 사람들에게 자신의 뛰어남을 보이거나 자신의 영향력을 미치게 하는 것 또한 좋아하고 추구하는 편이다. 이런 경우에는 경쟁상황에서 이기고 싶어 하고, 성공하고 싶어 하는 마음이 강하게 나타난다. 힘과 권력의 욕구가 높은 학생에게는 학교에서 임원을 할 수 있도록 하고 공부를 할 때도 선의의 경쟁을 할 수 있는 친구를 활용하면 도움이 된다.

자유의 욕구(Freedom Need)

자유의 욕구는 이동하고 선택하는 것을 마음대로 하고 싶어 하는 속성을 말한다. 타인의 명령이나 통제를 받지 않고 자기 마음대로 행동하는 것을 중요하게 생각한다. 타인에 의해 정해진 규칙에 얽매이지 않고 스스로 무엇인가를 할 수 있는 시간적 여유를 갖는 것을 매우 좋아한다. 자유의 욕구가 높은 학생은 학생 스스로에게 선택권을 줘야 한다. 부모님이 원하는 대로 하려고 하면 할수록 오히려 학생은 더 어긋날 가능성이 높다.

즐거움의 욕구(Fun Need)

즐거움의 욕구는 많은 새로운 것을 배우고, 놀이를 즐기고자 하는 속성을 말한다. 유쾌하고 즐거운 기분이 드는 일을 하는 것을 중요하게 생각한다. 어떤 일을 할 때는 그 일이 자신에게 재미있어야 한다. 즐거움의 욕구가 높은 학생일 경우 지루하거나 따분한 일이나 상황을 참아내기 어려울 수도 있다.

이상에서 살펴본 바와 같이 인간의 기본적인 욕구들은 각 개인에 따라 독특하며 서로 갈등을 일으키기도 한다. 우리는 자신의 욕구와 함께 그 사람의 욕구를 이해하고 인정할 때 이상적인 관계를 오랫동안 지속해 나갈 수 있다.

[그림 2-2]는 윤서 학생의 욕구 성향을 표현하는 그래프이다.

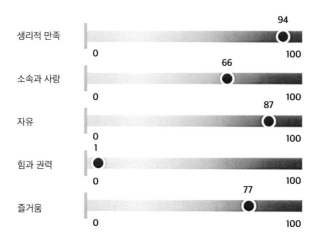

그림 2-2 윤서 학생의 욕구 성향 그래프

　이 학생은 생리적 만족과 자유의 욕구가 높고 힘과 권력 욕구가 낮은 학생이다. 이 학생에게 성적이 좋지 않다고 해서 다른 친구들과 비교하면서 경쟁심을 유발하려고 한다면 학생의 욕구와 맞지 않아 공부에 대한 동기를 가지기 어려워진다. 또는 부모가 학생을 손안에 넣고 관리하려고 한다면 자유 욕구가 높은 학생에게 맞지 않는 방법이 된다.

　학생에게 맞는 방법을 찾아보자. 위 학생은 자유 욕구가 높기 때문에 학생의 선택권을 존중해야 한다. 부모님이나 선생님의 강요가 아니라 자기 스스로 선택할 수 있도록 유도하고 부모님은 그 선택을 바르게 할 수 있도록 조언을 해주면 된다. 그리고 충분한 잠을 잘 수 있도록 해줘야 한다.

자기 이해 ③
- 대인관계로 알아보는 나-

아리스토텔레스(Aristoteles, BC 384~322년)는 "인간은 사회적 동물이다."라고 했다. 우리는 세상과 분리되어 살아갈 수 없다. 나를 알아보는 방법 중 중요한 하나는 나와 세상의 관계, 즉 '나의 대인관계'를 알아보는 것이다.

"나는 다른 사람들과 조화롭게 어울릴 수 있는가?"

학습매니지먼트 전문가인 에듀플렉스 학습매니저는 학생의 대인관계를 알아보기 위해 자기 주관, 자기 감정조절, 대인 반응태도 등의 3가지 요인을 살펴본다.

표 2-1 대인관계 분석을 위한 세 가지 요소

자기 주관	자기 의사가 분명하여 고집을 부리거나 반대로 무조건 수용하는 태도의 수준
자기 감정조절	좌절을 경험했을 때 생기는 부정적인 감정을 외부로 표출하지 않고 조절해내는 능력
대인 반응태도	다른 사람들을 자신에게 긍정적인 존재로서 인지하는지, 반대로 부정적인 존재로서 인지하는지의 태도 수준

자기 주관

자기 주관이 적절하다는 것은 적절한 수준으로 자기 생각과 의견을 제시하는 것을 뜻한다. 상황에 따라서 자신에게 필요한 것을 제시하며, 이는 기본적으로 자신에 대한 통찰이 잘 이루어지고 있다는 것을 의미하기도 한다. 자기 주관이 너무 높을 경우에는 다른 사람의 의견을 무시하고 자신의 의견을 고집하는 경향이 있어 대인 관계에 문제가 나타날 수 있다. 반대로 자기 주관이 너무 낮아도 자신의 의견을 표출하지 못하고 상대방의 의견에 끌려다니는 경우가 발생해 스트레스를 받는 환경에 노출될 수 있다. 학생의 자기 주관 수준을 점검하고 적당한 수준으로 조절해 주는 것은 대인 관계를 안정적으로 이끌어 학습에 도움을 준다.

자기 감정조절

자기 감정조절이 적당하다는 것은 어느 정도 자기 감정을 조절하여 화를 직접적으로 드러내지 않는 편임을 뜻한다. 모든 상황에 대해서 화를 내지 않거나 감정을 드러내지 않는 것은 아니지만, 보통의 사람이라면 상황에 따라서 종종 화를 내고 다투기도 하는 것은 지극히 정상적인 모습이다. 자기 감정조절이 적당한 사람에게는 다른 사람과 관계가 나빠질 정도로 크게 일이 벌어지지는 않는다.

자기 감정조절이 너무 낮을 경우, 화를 참지 못하고 밖으로 표출되는 경우가 빈번하게 발생할 수 있다. 자주 화를 내거나 불만을 토로

하는 사람을 좋아할 사람은 몇 명이나 있을까? 친구가 하나둘씩 떠나가고, 자신과 어울리는 친구가 줄어드는 걸 느낄 때, 학생들은 스트레스를 받을 수 있다.

반면, 자기 감정조절이 너무 높을 경우에도 문제가 될 수 있다. 자기 감정조절이 높은 학생은 좀처럼 자신의 감정을 표현하지 않는다. 속으로 화를 삭이고 있는 것이다. 이런 학생들의 경우, 화를 삭이다 보니 스트레스를 받는 경우도 있다.

무엇이든 적당한 것이 좋다. 부모님이나 학습매니저는 학생의 자기 감정조절을 잘 파악하여, 학생의 수준에 맞게 지도하는 것이 바람직하다.

대인 반응태도

대부분의 사람은 상황에 따라서 사람들을 평가한다. 대인 반응태도가 적절한 사람은 특별히 다른 사람들을 좋게 생각하거나 나쁘게 생각하지는 않기 때문에, 처음 보는 사람과 어울리는 것도 어렵지 않은 편이다. 상대가 어떻게 대해주느냐에 따라서 태도가 많이 좌우된다.

대인 반응태도가 지나치게 높은 사람은 처음 보는 사람과도 빨리 친해지고 격의 없이 다가갈 가능성이 높다. 그러나 본인의 대인 반응태도가 높다고 해서 다른 사람의 대인 반응태도가 높은 것은 아니다. 격의 없이 다가가는 본인에 대하여 다른 사람은 부담을 느낄 수도 있다. 본인이 베푼 친절에 대해서 상대방은 인색할 수도 있다. 본인은 상대방을 잘 대해줬는데, 상대방으로부터 예상한 반응이 오지 않을 경우 스트레스를 받을 수도 있다.

반면, 대인 반응태도가 너무 낮은 학생들은 다른 사람과 어울림에 스트레스를 받을 수 있다. 이들은 사람에 대한 호불호가 명확해서 본인이 싫어하는 사람과 팀을 이루어 과제를 하거나 토론 수업을 하는 것에 부담을 느낄 수 있다. 대인 반응태도가 낮은 학생들은 다른 사람의 장점을 보기 위해 노력하고, 자신과 맞지 않더라도 함께 프로젝트를 수행해야 한다면 어떻게 효율적으로 수행할 수 있을지, 마찰 없이 지낼 수 있을지를 평소에 고민해 보는 것이 현실에서의 스트레스를 줄일 수 있는 방법이다.

세상을 혼자 살아갈 수는 없다

새 학년 새 학기가 되면 학생들이 가장 많이 토로하는 고민이 대인관계이다. 특히, 초등학교에서 중학교로, 중학교에서 고등학교로 학교가 바뀌게 되면 이런 고민은 더욱 깊어진다. '시간이 지나면 해결되겠지'라며 그냥 놓아두기보다는 적극적으로 해결하기 위해 노력해야 한다. 대인관계 문제가 해결되지 않으면, 학교생활은 원활히 진행되지 않는다. 학교생활이 원활하지 않다는 것은 수업 시간, 수행 평가도 모두 원활하지 않음을 뜻한다. 원활한 대인관계가 원활한 학교생활의 첫걸음임을 학생과 학부모 모두 명심해야 한다.

직업 찾기
- 미래 직업 세상 -

미래 세상에는 어떤 것들이 영향을 줄까? IT 기술이 영향을 많이 줄 것이다. 아이폰(iPhone)이 처음 등장한 때가 2007년이고, 한국에 등장한 때는 2010년이다. 2018년도인 지금은 출시된 지 딱 10년이 되었다. 컴퓨터를 손에 들고 다니게 되리라는 것을 예전에는 상상이나 했을까?

지금은 자동차에서 흔히 볼 수 있는 내비게이션(Navigation)이 나온 때가 2005년이다. 옛날에는 자동차로 운전해서 목적지를 찾아갈 때 종이 지도를 보면서 길을 헤매거나 고속도로 나들목을 놓치는 등 시간을 많이 허비했었다. 지금은 종이 지도 없이도 내비게이션만 있으면 모르는 길도 쉽게 찾아갈 수 있다.

요즘 기술이 발전하는 것을 보면, '세상이 정말 빠르게 변화하는구나'라는 점을 느낄 수 있다. 다들 그렇게 느낄 것이다. 4차 산업혁명, 가상현실, 로봇, 사물인터넷(Internet of Things, IOT) 등 발전과 관련하여 많은 말이 있다.

그중에서도 앞으로 세상을 가장 많이 바꿀 것으로 예상되는 것이 인공지능이다. 더 구체적으로 말하자면 딥러닝(Deep learning)이라고 하는 알고리즘이다. 인터넷의 등장, 스마트폰의 등장보다도 AI(Artificial Intelligence, 인공지능) 기술이 가져올 영향이 더 크리라 예측한다.

현재 구글(Google)에서 근무 중인 유명한 미래학자 레이 커즈와일(Ray Kurzweil, 1948년~)은 컴퓨터 연산능력이 계속 증가하고 발전해서 2029년에 이르면 인간의 지능을 추월할 것이라고 예측했다. 실은 2029년보다 더 빨리 인공지능이 인간을 능가하는 시기가 도래할지도 모른다.

인공지능 엔진이 어떠한 껍데기를 쓰고 있느냐는 중요하지 않다. 로봇에 엔진이 쓰일 수도 있고, 스마트폰에 엔진이 쓰일 수도 있다. 3~5년 안에 자율주행 자동차가 상용화가 될 예정인데, 이제는 자동차를 새롭게 정의 내려야 한다. 스마트폰을 예를 들어보자. 스마트폰은 과연 전화기일까? 스마트폰은 이제 컴퓨터다. 자율주행 자동차는 어떤가? 더이상 자동차가 아닌 '인공지능이 탑재된 바퀴 달린 로봇'이다.

이런 세상이 오면 어떤 변화가 일어날까?

직업의 변화가 일어난다. 인간이 운전해서 이동시키는 직업은 다 사라지게 된다. 인공지능이 등장하고 로봇이 나오면 운전하는 직업뿐만 아니라 주차를 관리하는 직업도 함께 사라지게 된다. 실제로도 이미 많이 사라지고 있다. 고속도로에 있는 하이패스를 보라. 하이패스가 등장하면서 어떤 직업이 사라지고 있는가? 통행료를 받는 직업이 줄어들고 있다.

독자 여러분은 스포츠 브랜드인 '아디다스(Adidas)'라는 기업을 알 것이다. 원래 아디다스 제품 생산 공장은 중국이나 동남아에 있었는데, 독일로 이전한다고 발표하였다. 기존에는 왜 중국이나 동남에 공장을 두었을까? 공장을 운영하려면 인건비가 중요한데, 인건비가 싸니까 중국이나 동남아에 공장을 둔 것이다. 그런데 독일로 공장을 다시 이전한다는 것은 무엇을 의미할까? 독일의 인건비가 싸지 않은데 어떻게 독일에서 공장을 운영할까? 미래 세상의 공장에는 사람이 없다. 원하는 디자인의 운동화를 인터넷으로 주문하면, 무인 공장에서 원하는 신발이 로봇에 의해서 만들어진다. 로봇에 의한 자동화가 되는 것이다.

그렇다면, 아디다스 공장의 로봇은 누가 만들까? 일본의 파낙(FANUC)이라는 회사가 있는데, 이런 로봇을 만드는 회사다. 재밌는 것은 이런 로봇도 다른 로봇이 만든다는 것이다. 로봇이 로봇을 만드는 세상. 미래 세상은 어떻게 변화하고 어떤 직업이 살아남아 있을지 궁금해진다.

10~20년 후에
사라지는 직업 톱25

1 전화 판매원(텔레마케터)
2 부동산 등기의 심사·조사
3 손바느질의 재단사
4 컴퓨터를 사용한 데이터의 수집·가공·분석
5 보험업자
6 시계수리공
7 화물 취급인
8 세무 신고 대행사
9 필름 사진 현상 기술자
10 은행 신규 계좌 개설 담당자
11 사서 보조원
12 데이터 입력 직업원
13 시계조립·조정공학
14 보험청구 및 보험계약 대행자
15 증권 회사의 일반 사무원

16 수주계
17 (주택·교육·자동차 대출 등) 대출 담당자
18 자동차 보험 감정인
19 스포츠의 심판
20 은행 창구계
21 금속·목재·고무의 예칭 판화 업체
22 포장기계·기계필링 운영자
23 구매 담당자 (구매 도우미)
24 화물 배송 수신계
25 금속·플라스틱 가공용 밀링·플래너의 오퍼레이터

그림 2-3 10~20년 후에 사라지는 직업 톱25

세계에서 가장 큰 전자상거래 회사인 아마존(Amazon). 아마존의 물류창고는 어마어마하게 큰데 물건을 찾고 이동시키는 일을 전부 로봇이 한다. 그것들은 24시간 일한다. 불만도 없다. 지치지도 않는다. 상자 포장만 사람이 하고 있다.

제조업만 로봇이 일을 대신할까? 금융업은 어떨까? 세계에서 규모가 가장 큰 골드만삭스(Goldman Sachs)라는 투자은행이 있다. 골드만삭스에는 증권 트레이더(Trader)가 600명 정도 일하고 있었으나 지금은 겨우 2명만 일하고 있다. 나머지는 모두 인공지능이 하고 있다. 국내 상황은 어떨까? 전국 곳곳에 있는 은행 지점들은 앞으로 어떻게 될까? 80% 이상이 문을 닫을 예정이라고 한다. 은행원도 곧 없어지는 세상이 온다. 그렇다면 미래에는 어떤 직업들이 남을까?

[그림 2-4]를 보면, 레크레이션 치료사, 정신건강 사회복지사, 심리 상담사, 교육 관련 종사자 등 사람이 사람을 직접 대하는 직업과 의학, 치과 등 아무리 기술이 발전해도 기계에게 맡기기 힘든 직업 등이 10~20년 후에도 남아 있을 것으로 예측된다. 치과 치료를 기계에게 맡기는 상상. 아직은 께름칙하다.

10~20년 후에 남는 직업 톱25

1 레크레이션 치료사
2 정비 · 설치 · 수리 일선 감독자
3 위기관리책임자
4 정신건강 · 약물관련 사회복지사
5 청각 훈련사
6 직업 치료사
7 치과 교정사 · 의치 가공사
8 의료사회복지사
9 구강외과
10 소방 · 방재의 제일선 감독자
11 영양사
12 숙박 시설의 지배인
13 안무가
14 영업 엔지니어
15 내과 · 외과
16 교육 코디네이터
17 심리학자
18 경찰 · 형사의 제일선 감독자
19 치과 의사
20 초등학교 교사(특수교육 제외)
21 의학자(역학자 제외)
22 초 · 중학교의 교육 관리자
23 다리(발) 관련 의사
24 임상심리사 · 상담 · 학교 카운슬러
25 정신 건강 상담

그림 2-4 10~20년 후에 남는 직업 톱25

농업혁명, 산업혁명, 정보혁명을 지나면서 인류는 발전했다. 인류 세상에는 왜 혁명이 일어나고 새로운 것들이 나오게 되는 걸까. 아마 더 많은 사람이 행복을 누리기 위해 인류의 집단지성을 이용해서 진화해 가고 있는 과정일 것이다. 이런 혁명은 인류의 행복을 추구해 나가는 과정이다. 미래 세상은 환경, 다른 사람의 행복, 풍요로움, 더 건강한 신체, 예술을 통한 성취 등의 방향으로 직업이 발전할 것이다.

과거의 사람들에게는 삼시 세끼 굶지 않고 살아가는 게 제일 중요했다. 그러기 위해 선조들은 노력했다. 이제 21세기는 어떠할까? 지금보다 더 자기 자신이 원하는 직업을 가지고 살게 될 가능성이 높다. 미래 세계에서 행복하고 자신이 원하는 성공을 얻고 잘살기 위해 우리는 어떤 직업을 가져야 할까?

목표 설정하기
- 진로, 진학, 학업 -

"스스로 생각해 본 내 삶의 목표는 무엇인가?"

A, B 두 학생이 현재 같은 위치에서 다음의 지도를 보고 있다. A 학생은 가려는 목적지가 없고, B 학생은 영풍문고를 가려고 한다. 두 학생은 지도에서 같은 것을 보게 될까?

이번에는 A 학생은 남산골 한옥 마을을 가려고 하고, B 학생은 영풍문고를 가려고 한다. A 학생과 B 학생의 목표지점에 가는 길을 표시하면 두 학생이 목표 지점에 도달하는 길은 다를 것이다.

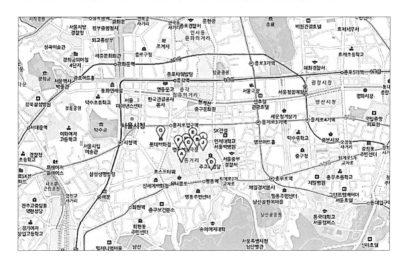

A, B 두 학생이 같은 지도를 가지고 있어도 목표가 다르면 지도의 다른 부분을 보게 된다. 하늘에는 많은 별이 있는 것처럼, 세상에는 많은 꿈과 목표가 있다. 공부에도 목표가 존재한다. 아직 내 별을 찾지 못했다고 걱정하지 말자. 지금 눈앞에 보이지 않아도 내 별을, 내 꿈을 찾게 될 것이다.

　청소년기는 사회의 건강한 구성원으로서 기능할 수 있는 직업을 얻기 위한 교육을 받는 시기이다. 청소년기의 교육은 지식과 기술을 학습하는 것과 동시에, 자신의 장래 직업을 심도 있게 고민하면서 탐색하는 과정도 이루어져야 한다.

　우리 학생들의 목표탐색 능력을 파악하기 위해 알아야 하는 요인은 〈표 2-2〉와 같다.

표 2-2 학생의 목표탐색 능력 파악을 위한 요인

진로 성숙도	자신의 진로 탐색을 할 수 있는 자아의 성숙 수준
진로 목표	현재 진로(직업) 목표의 명확성 수준
진학 목표	현재 진학(대학, 학과) 목표의 명확성 수준
학업 목표	현재 시험 성적 목표의 명확성 수준

　'진로 성숙도'란 자신의 진로 탐색을 자기 스스로 할 수 있는 성숙 수준을 말한다. 진로 성숙도가 높은 학생은 자신에게 맞는 진로를 찾아보고자 하는 태도가 강하다. 다른 사람이 정해주는 직업보다는 자신에게 맞는 직업을 찾는 것이 중요하다고 생각한다. 이러한 사람은 상황에 따라서 목표가 쉽게 바뀌지 않으며, 지속해서 목표를 향

해 가도록 하는 힘을 얻을 수 있다. 반면에 진로 성숙도가 낮은 학생
은 자신의 진로에 대해서 스스로 생각해 본 경험이 부족하거나 그러
한 고민을 하는 것을 불필요하게 여기는 편이다. 자신이 생각한 진
로보다는 다른 사람이 제시한 의견에 더 영향을 많이 받으며, 상황
에 따라서 목표가 자주 바뀌는 모습을 보인다.

진로를 찾기 위해서는 우선 자신의 흥미나 적성을 알아보는 것이
필요하다. 흥미는 '내가 좋아하는 것, 관심이 있는 것'으로, 어떤 일
이나 활동에 대해서 특별히 관심을 나타내고 좋아하는 행동 경향을
말한다. 적성은 '내가 잘하는 것, 재주, 재능, 소질' 등으로 사람마다
지니고 있는 잠재적 능력 중 어떤 특정 분야나 부분에서 잘할 수 있
는 능력이다.

자신의 흥미나 적성을 알아보는 방법에는 '자기 관찰 및 자기 탐색'
이나 전문 기관의 표준화 검사가 있다. 자기 관찰 및 자기 탐색에 도
움이 되는 몇 가지 질문을 정리하였으니 질문에 답하면서 자신의 흥
미나 적성을 생각해보자.

- 나의 어릴 적 꿈은 무엇이었나?
- 가장 좋아하는 과목/점수가 높은 과목은 무엇인가?
- 주말이나 휴일에 주로 무엇을 하면서 보내는가?
- TV, 영화, 드라마 등에서 평소 멋있다고 생각한 직업이 있는가?
- 내가 좋아하는 유명인이나 롤모델(Role model)이 있는가?
- 나에게 10만 원이 생긴다면 하고 싶은 일은?
- 로또 1등에 당첨된다면 하고 싶은 일과 그 일을 선택한 이유는?
- 가장 기분 좋았던 칭찬 혹은 듣고 싶은 칭찬은 무엇인가?
- 나는 무엇을 할 때 가장 기분이 좋아지는가?
- 지금 가장 하고 싶은 것은 무엇인가?
- 아무리 오래 해도 질리지 않고 할 수 있는 일은 무엇인가?
- 다른 사람이 나에게 잘한다고 이야기해준 것들은 무엇인가?
- 스스로 생각하기에 내가 잘하는 것은 무엇인가?
- 내가 가장 성취감을 느꼈던 적은 언제인가?
- 내가 더 배우고 연습해서 남들보다 잘하고 싶은 것은 무엇인가?

진로 성숙도가 높아지려면 진로 목표, 진학 목표, 학업 목표에 대한 고민도 동시에 이루어져야 한다. 진로, 진학, 학업에 대한 명확한 목표는 학습 동기를 불러일으키는 데 긍정적인 영향을 준다. 만약 진로나 진학 목표가 낮다면 학생에게 진로 및 진학에 대한 정보를 알 수 있도록 도움을 주어야 한다. 학업 목표가 낮다면 학생이 시험 성적의 목표를 세우지 않는 이유를 파악하고 시험 목표를 세울 수 있도록 도움을 주어야 할 것이다.

학습 필요성 인식
- 공부할 준비가 되었는가? -

"공부가 나에게 꼭 필요할까?"

다음 글을 읽어보자.

> 공부라는 것이 단지 수학, 영어 등 교과서에 있는 내용들을 파고드는 것만은 아닐 것
> 이다. 이 세상에 태어난 한 사람의 구성원으로서, 세상을 더 많이 알고 더 지혜롭게 살
> 아갈 수 있는 방법을 익히고 배우는 것이 바로 '공부'라고 생각한다. 그런 것들을 탐색
> 하고 기회를 잡는 과정이 바로 공부인 것 같다. 그래서 나는 공부가 '인생에 대한 예의'
> 이자 '자신에 대한 예의'라고 생각한다.
> — 『공부는 내 인생에 대한 예의다』(이형진 지음, 쌤앤파커스) 中

　사람은 누구나 공부를 한다. 학창시절에 하는 국어, 영어, 수학만
공부는 아닐 것이다. 인생 공부라는 말도 있지 않은가? 사람이 태어
나서 살아가고 죽을 때까지 경험하는 모든 것이 공부일 것이다. 인생
에서 이렇게 중요한 공부에 대해 '내가 공부를 왜 해야 하는가?', '내
가 하는 공부가 어떤 의미가 있을까?'를 모른다면 공부는 참 지루하
고, 재미없고, 힘든 일이 될 것이다. '공부를 왜 해야 할까?'를 진지하
게 생각해 볼 기회를 갖는 것이 무엇보다 필요하다. 그래서 많은 사
람에게 공부하는 이유를 물어보았다.

A: 내가 공부를 하는 가장 큰 이유는 내 꿈을 이루고 싶기 때문이에요. 제 꿈은 신문 기자랍니다.

B: 어른들이 이야기하잖아요. 나중에 좋은 직장 구해서 잘먹고 잘살려면 좋은 고등학교, 좋은 대학교를 나와야 한다고요. 공부는 좋은 미래를 뒷받침해준다고 생각하기 때문에 나는 공부를 해요.

C: 솔직히 친오빠랑 비교당하는 게 싫어서 공부하는 거에요. 오빠보다 성적이 나빠서 비교당하면 자존심 상하거든요.

D: 세상에는 힘든 일이 참 많은 것 같아요. 내가 보기엔 그중에서 제일 쉬운 것이 공부인 것 같아요. 내가 할 수 있는 가장 쉬운 길! 그래서 나는 공부를 해요.

E: 나중에 후회하기 싫어서요. 공부에도 때가 있다고 하잖아요. 나중에 어른이 되어서 '그때 공부 좀 할걸.' 이러면서 후회하고 싶진 않아요. 시간은 되돌릴 수 없으니까요.

이처럼 많은 사람이 다양한 이유로 공부를 하고 있다. 남이 정해준 이유, 사회가 강요하는 이유 때문에 억지로 공부한다면, 공부는 나와는 상관없는 아주 짜증 나고 재미없는 것에 불과할 것이다. 대부분의 학생은 공부를 해야 한다는 사실에는 쉽게 수긍하지만, 왜 해야 하는지에 대해서는 생각해보지 않는 것이 현실이다.

어차피 해야 한다면 나와 세상에 도움이 될 좀 멋진 이유를 찾아 공부하는 것이 어떨까?

나에게 공부가 왜 필요한지 다시 한번 생각해보기를 바란다.

자기효능감
- 성적을 올릴 자신감이 있는가? -

"Yes, I can/I can do it."

위와 같은 말과 관련 있는 단어는 무엇일까? 바로 "할 수 있다."는 자신감이다. 공부도 자신감이 중요하다. 심리학에서는 이 자신감을 일명 자기효능감이라고 한다.

자기효능감은 과제를 끝마치고 목표에 도달할 수 있는 자신의 능력에 대한 스스로의 평가를 가리킨다. 일반적으로 자기효능감이 높은 사람들은 낮은 사람들에 비해 과제를 끝마치려는 노력을 더 많이, 더 오랫동안 하는 경향이 있다. 자기효능감이나 숙달 동기가 강할수록 노력은 더 활동적이게 된다.

자기효능감이 높은 사람들은 과제 계획을 잘 짜기 위해 과제를 넓게 보는 경향이 있다. 그리고 이들은 장애물이 있을 때 더 많은 노력을 한다. 반대로 자기효능감이 낮은 사람들은 낙담하고 포기하는 경향이 있다. 또한, 자기효능감이 높은 사람들은 자신의 실패를 외부 요인에 찾는 반면에 자기효능감이 낮은 사람들은 자신의 낮은 능력에서 찾는다.

표 2-3 자기효능감의 비교

자기효능감이 높은 사람들의 특징	자기효능감이 낮은 사람들의 특징
- 어려운 문제에 끈기 있게 대처한다. - 어려운 상황에서도 스트레스 받지 않고 긍정적으로 생각한다. - 자신의 실패를 노력 부족이라고 생각한다. 즉 '내가 노력하면 언제든지 해결될 수 있다'고 긍정적으로 생각한다. - 아무리 어려운 문제도 해결하려고 부딪힌다.	- 어려운 문제가 생기면 쉽게 포기한다. - 어려운 문제가 생기면 스트레스를 많이 받고 쉽게 포기하려고 한다. - 실패를 했을 경우 '원래 그 문제를 해결할 수 없는 문제였다'고 생각한다. - 어려운 문제에 대해서는 무력감을 느끼고 도망가 버린다.

학습적으로 예를 들면, 수학에서 자기효능감이 높은 사람은 시험 점수가 낮을 때 시험이 어렵게 나왔다고 생각하거나, 자신의 노력이나 준비가 부족해서 그런 것으로 생각한다. 자기효능감이 낮은 사람은 같은 결과를 두고 자신이 수학을 못해서 그런 것으로 생각한다. 많은 심리학 연구 결과는 자기효능감이 높은 학생들이 낮은 학생들보다 학업 수행이 높음을 보여주고 있다.

그럼 어떻게 자기효능감을 증진시킬 수 있을까? 우선 다양한 상황에서 성공적인 성취경험이 필요하다. 에듀플렉스 학습매니저들은 학생의 능력 수준보다 약간 낮은 과제를 제시하여 성공경험을 제공하여 자기효능감의 증진을 유도한다. 그와 동시에 어려운 과제를 접할 때 유발되는 정서적 불안감을 대처할 수 있는 기회를 제공해야 한다.

우리 부모님들은 어떤가? 자녀가 태어난 지 1~2년이 되었을 때는 아이가 몸을 일으켜 세우는 것만 해도 잘했다며 칭찬을 아끼지 않는다. 자녀가 크면서 이런 칭찬들은 사라지고 못한 것에 대한 지적이 늘어난다. 특히 학생의 성적이 좋지 않을 때, 학생의 정서를 돌보기보다는 잔소리, 한숨, 지적 학생의 자기효능감을 낮추는 말을 계속해서 사용한다. 자녀의 자기효능감을 위해 우리 자녀들이 아기였을 때, 몸을 일으켰던 그때를 항상 기억하면 어떨까?

학습 의지
- 나는 공부할 의지가 있는가? -

"학습적인 발전을 할 수 있는 마음가짐이 되어 있는가?"

공부를 잘하기 위해 누구나 생각할 수 있는 방법이 있다. 바로 공부를 많이 하는 것이다. 많이 하기 위해서는 우선 시간이 필요하다. 하지만 하루는 24시간으로 제한되어 있다. 제한된 시간 동안 많은 공부를 하기 위해서는 지금 내가 하고 싶은 놀이나 다른 행동을 미루거나 포기해야 하는 의지가 필요하다.

일명 '마시멜로 실험'은 위 내용과 관련이 깊다. 1966년, 미국 스탠포드대학교의 미셸(Walter Mischel, 1930년~) 박사는 4살 나이의 아이들을 상대로 재미있는 실험을 하였다. 그 실험은 빈방에 아이를 두고 마시멜로 한 개가 든 접시와 두 개가 든 접시를 보여준 다음, 어른이 돌아올 때까지 마시멜로를 먹지 않고 기다린다면 두 개를 주겠다고 약속한다. 그리고 방에서 나가 15분 동안 아이가 어떤 선택을 하는지 관찰하는 실험이었다. 이 실험에서 아이들은 세 가지 선택을 할 수 있다. 첫째, 어른이 나가자마자 집어서 먹거나, 둘째, 참고 기다리다가 결국 먹거나, 셋째, 어른이 돌아올 때까지 기다리는 것이다.

각 결과의 집단을 10년 후 추적 조사해보니 15분을 기다린 아동은 성장기 때 여러 유혹을 견뎌 내는 것이나 힘든 공부에서도 잘 참고 꾸준히 이어갈 수 있는 능력을 발휘하고 있었다. 이 아이들은 성공적인 사회적 위치를 차지할 가능성이 높은 것이다. 반면 15분을 참지 못한 아이들은 '자기조절력'의 부족으로 '순간'의 기분과 쾌락에 빠져 유혹에도 쉽게 흔들리고 학업성취도도 낮았다.

마시멜로 실험은 '자기조절력', '자기통제력'이 얼마나 중요한지 보여준다. 그럼 이 '자기조절력'이나 '자기통제력'이라는 것은 태어날 때부터 정해진 것인가? 이 분야의 전문가인 소아정신과 서천석 박사는 그렇지 않다고 이야기한다. 아이들은 어떤 사건과 경험을 만났을 때 사람들과의 관계 특히, 부모(어른)들의 반응에 큰 영향을 받는다는 것이다. 우리 어른들은 쉽게 "내일 해줄게." "다음에 사줄게."라고 하면서 아이들과의 약속을 지키지 않는 경우가 많다. 아이들이 이런 경험을 여러 번 하게 되면 결국 자신의 욕구를 참거나 조절할 필요를 못 느끼게 된다. 아이의 '자기조절력'은 우리 어른들이 얼마나 아이에게 신뢰를 주었는지에 달려있다.

보통 자기조절력이 낮은 학생들은 학습변화의지도 대부분 낮다. 학습변화의지가 낮다고 학생 탓만 할 수 있을까? 어른들이 얼마나 아이들과의 약속을 지키지 않았는지 되돌아봐야 할 것이다.

학습매니지먼트 전문가인 에듀플렉스 학습매니저는 이런 심리적인 요인까지 파악한 후 학생들을 상담하고 관리한다. 학생들과 약속을 그 무엇보다 중요하게 생각하고 있으며 부모님들이 학생들과 약속을 중요하게 생각할 수 있도록 학생과 부모님의 다리 역할을 하고 있다.

★ 이번 장을 읽으면서 느낀 점은 무엇이 있나요?

★ 이번 장을 읽은 후 실천할 점을 정리해 봅시다.

3장

STAR – THINK THE BEST WAY
나에게 꼭 맞는 학습전략을 구상하라

"전략이 없다면 방향 없이 제자리를 빙빙 도는 키가 없는 배와 같다.
전략이 없다면 갈 곳을 잃은 떠돌이와도 같다."

조엘 로스
Joel Ross

전략 과목 선정하기
- 선호도와 성취도를 고려하라 -

목표를 세웠는가? 그렇다면 그 목표를 효과적으로 달성하기 위해서 우리에게 필요한 것은 무엇일까? 정답은 학습전략이다.

전략이란 말은 군사용어로부터 유래되었다. 군에서는 전략을 '전쟁을 전반적으로 이끌어가는 방법이나 책략'의 의미로 사용하지만, 현대 사회는 전략이란 말을 '문제를 해결하거나 과제를 수행하기 위한 수행체계'의 의미로도 널리 사용하고 있다. 학습에서도 더 좋은 성과를 얻기 위해서 우리는 학습전략이라는 말을 사용하며, 전략 과목을 선정할 수 있다.

어떤 방법으로 전략 과목을 선정해야 하는가

① 교과 선호-성취도 그래프 활용하기

첫 번째 방법은 '교과 선호-성취도 그래프'를 활용하는 것이다. 깨끗한 종이 한 장을 준비해 보자. 그리고 함수 그래프를 그릴 때처럼, x축과 y축을 그린 후에 x축은 '교과에 대한 선호도', y축은 '교과에 대한 성취도'라고 가정해 보자.

그래프를 그린 후, 공부하고 있는 주요 과목들을 그래프에 표시해보자. 가령, 과학의 경우, 선호도가 높고 성적 성취도 높다면 1사분면 제일 위쪽에 적고, 수학은 좋아하지도 싫어하지도 않지만, 성적 성취도가 높다면 y축 제일 위에 적어보자.

그렇게 그래프를 그려보면, 다음과 같다.

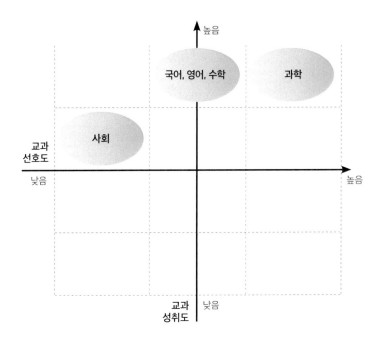

그림 3-1 고등학교 1학년 승지 학생의 교과 선호-성취도 그래프 예시

승지 학생의 교과 선호-성취도 그래프를 보면, 과학은 성적도 높고 선호도가 높지만, 사회의 경우 선호가 낮고 성적은 조금 높게 나오는 수준임을 알 수 있다. 승지 학생은 대부분의 과목에서 높은 성적을

받고 있지만, 과목별 선호도는 뚜렷한 편이다.

승지 학생이 전략 과목을 선정할 때, 어떤 점을 중점을 둬야 할까?

I구역(선호도 높음, 성취도 높음)의 과목은 학습도 즐겁고 학생에게 평균 성적을 올려주는 Cash Cow 과목이다. 이 구역에 해당하는 과목은 학습 흥미를 꾸준히 유지하면서 등급을 가장 잘 받는 과목으로 선정할 수 있다.

II구역(선호도 높음, 성취도 낮음)의 과목은 현재 성취도는 낮지만, 실생활과 학습 내용 간 연관성을 살펴보며 장기적으로 성취도를 올릴 수 있는 과목이다. 따라서 성적이 안 나오는 원인을 파악한 후, 전략 과목으로 삼을 수 있다.

III구역(선호도 낮음, 성취도 높음)의 과목은 공부하는 것이 재미있지는 않지만, 열심히 노력하여 성적을 유지하고 있는 과목이다. 학습을 소홀히 할 경우 성적이 급락할 가능성이 있으므로 경계해야 한다.

IV구역(선호도 낮음, 성취도 낮음)의 과목은 가장 공부하기도 어렵고, 흥미를 끌어올리기도 어려운 과목이다. 다른 과목들의 성적을 우선 올려놓고, 가장 마지막에 이 구역에 있는 과목들을 장기적인 관점으로 바라보는 것이 바람직하다.

② 중간고사 성적표 활용하기

중간고사 성적표를 들여다봐도 기말고사 전략 과목 선정은 달라진다. 전교 100명 학생 중에 4등을 한 물리 과목이 있다. 턱걸이 1등급이다. 이 과목은 어떻게든 기말고사에서 전교 4등 안의 등수를 유지해서 1등급이 되어야 한다. 200명 중에 전교 81등을 한 5등급 수학 과목이 있다. 전교 80등까지 4등급이니 딱 한 등수 차이로 4등급을 놓친 것인데, 기말고사에서는 꼭 4등급으로 들어가야 할 과목이다. 300명 중에 175등 한 역사 과목이 있다. 300명 중 4등급은 전교 120등까지인데, 역사는 겨우 5등급에 턱걸이한 수준이라 4등급에 도전하기에는 수학보다 가능성이 낮아 보인다. 이렇듯, 중간고사 성적표를 들여다보고 있으면 기말고사 전략이 눈에 들어오게 된다.

학습전략 세우기 ①
- 시간을 확보하라 -

승지는 매주 월·수·금요일은 4시간씩 수학학원, 화·목·토요일은 3시간씩 영어학원, 일요일은 4시간 동안 국어학원에 다닌다. 승지는 일주일 동안 몇 시간의 자기주도학습을 했을까?

시간만 보면 25시간 공부한 것처럼 보이지만 승지가 스스로 공부한 시간은 0시간이다. 0시간이라고 하는 이유가 무엇일까?

사람들은 학원에서 강의를 듣는 만큼 스스로 공부를 했다고 생각하지만, 그 시간은 배우는 '학'의 시간이지 스스로 내용을 다시 정리하며 익히는 '습'의 시간으로 볼 수는 없다. 학원을 많이 다니면 공부를 많이 한 것 같지만, 성적이 오르지 않는 데는 이유가 있다. 복습을 통해 자기 것으로 만들지 않으니 성적이 오르지 않는 것이다. 복습이 중요한 이유는 '에빙하우스의 망각 곡선'에서도 찾아볼 수 있다.

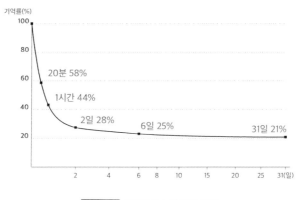

그림 3-2 에빙하우스의 망각 곡선

[그림 3-2]는 에빙하우스의 망각 곡선으로, 시간이 지남에 따른 기억 보유량을 백분율로 나타내고 있다. 그림에서 보듯이, 맨 처음 학습했을 때는 기억 보유량이 100%에 이르지만 20분이 채 지나지 않아서 기억률은 58%로 떨어진다. 하루가 지나기도 전에 기억률은 36%로 급격히 떨어지고 이후에도 천천히 망각은 진행된다.

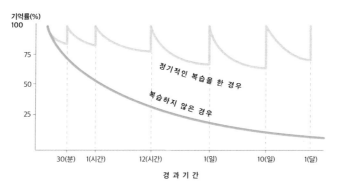

그림 3-3 에빙하우스의 망각 곡선 변형
[출처: 『유즈 유어 헤드』(토니 부잔 지음, 라명화 역, 상상북스)]

그러나 [그림 3-3]의 그래프는 인간의 망각을 반복(복습)에 의해서 바꿀 수 있다는 것을 보여준다. 일정한 간격을 두고 한 달간 반복 학습을 하면 기억은 처음 상태로 유지된다. 효과적인 반복이 망각을 이겨낸 것이다. 배우는 시간도 중요하지만, 익히는 시간이 절대적으로 필요한 이유다.

우리는 자기주도학습 시간을 어떻게 확보하고 운영해야 할까?

첫째, 계획한 공부 시간은 꼭 지켜야 한다. 시간은 유한하다. 정해진 시간 동안에는 무슨 일이 있더라도 책상 앞에 앉아서 공부하는 습관을 들이도록 하자. 처음에는 힘들지만, 시간이 지나다 보면 기쁘고, 슬프고, 화가 나도 자연스레 정해진 시간에 공부하는 나를 발견할 수 있다.

둘째, 자투리 시간을 활용해야 한다. 내게 주어진 자투리 시간을 파악하고 그 시간의 특징에 맞는 학습자료를 준비하여 학습해야 한다. 시간은 학생 누구에게나 하루 24시간씩 공평하게 주어진다. 이 시간을 어떻게 더 잘 활용할 것인가는 학생 본인의 몫이다.

셋째, 주말 시간을 확보해야 한다. 주말 동안 대책 없이 놀면 평소의 공부 리듬이 깨지고 주중 공부를 정리할 시간이 없다. 하지만 주말을 공부시간으로 활용하면 평소 공부습관을 유지할 수 있고, 부족한 공부를 정리할 수 있다. 시간은 많고 놀고 싶은 주말에는 평소보다는 공부량이 적더라도 부족하거나 취약한 부분을 집중 공략한다는 생각으로 휴식과 공부시간을 알맞게 배분하는 것이 좋다.

표 3-1 상위 0.1% 학생들의 자투리 시간 학습(출처: 에듀플렉스 교육개발연구소)

시간	활용방법
통학시간	영어단어 외우기
화장실에 있을 때	시사 이슈와 관련된 신문, 잡지 읽기
점심시간 직후	낮잠, 복습
쉬는 시간	예습, 복습, 수업리뷰
잠자기 직전	30분 취약 부분 집중 정리, 외웠던 단어 떠올리기
약속 대기 시간	인강 다시 듣기
시끄러워서 집중이 힘든 시간	수학문제 풀기, 노트정리 하기(손학습)
걸어 다닐 때	영어 듣기

학습전략 세우기 ②
- 교재정보를 취합하라 -

이제 진짜 공부를 시작해야 한다. 지금 학생 여러분의 책상 앞에는 무엇이 펼쳐져 있나? 교과서인가? 참고서인가? 사전인가? 모든 것이 공부에 필요한 학습교재다. 여기서 무엇을 취사선택해서 공부할 것인가는 학습자의 수준에 따라 달라진다.

우리는 수많은 출판사의 다양한 교재를 보면서 수십 가지 선택을 할 수 있는 공부 환경에 놓여 있다. 학생들이 배우고자 하는 마음을 먹으면 입문부터 심화까지 체계적인 공부를 할 수 있는 시대다. 이렇게 많은 책 속에서 많은 선택권을 가진 우리들은 어떤 책이 나에게 맞는 책인지, 행복한 고민을 하게 된다.

교재를 선정하는 방법

첫째, 객관적인 위치를 파악해야 한다. 우리는 공부를 하기 위해서 다양한 교재들을 사용한다. 우선 학생의 학습수준과 상관없이 남들이 좋다고 하는 책, 남들이 사는 책을 따라 사고 있는 건 아닌지 점검이 필요하다. 많은 학생이 개념서와 문제집을 함께 사는데, 모든 학생에게 개념서와 문제집이 함께 필요한 것은 아니다.

수학을 점수별로 구분하여 예로 들어보면 다음과 같다.

표 3-2 중학교 성적별 추천 개념서 및 문제집

성적대	개념서	문제집
50점 이하	교과서/출판사 자습서	『수력충전』
60점대	교과서/출판사 자습서/ 『체크체크』『교과서 개념잡기』	『수력충전』
70~80점대	『개념원리』『개념+유형 개념편』『투탑』『완자』	『개념 + 유형 유형편』/ 『쎈』『RPM』
90점대	『개념원리』	『최상위수학』『최고득점』/ 『A급수학』『블랙라벨』

이렇듯 점수에 따라서 학생들이 선택해야 하는 교재는 달라진다.

표 3-3 유형별 참고서 선택 방법

계획형	시간에 맞춰 공부하고 자신이 해야 할 일들을 정리하기를 좋아하는 학생으로, 책 앞에 일일 차시별로 구성된 참고서를 선택한다.
호기심형	집중시간이 짧고 학습 중에도 다른 것들에 관심을 쉽게 옮겨가는 학생으로, 하루 학습 분량이 많지 않은 참고서를 선택한다. 참고서 중간에 호기심을 불러일으킬 수 있는 삽화, 실험, 과학자의 에피소드 등이 있는 참고서를 선택한다. 도표나 사진으로 개념을 설명해주는 참고서가 좋다.
학구파형	한 개를 공부해도 꼼꼼하고 깊이 있게 학습하는 학생으로, 요약정리되어 있는 참고서보다 이야기하고 대화하듯이 전개되는 참고서가 좋다.
건망증형	방금 한 것도 금방 잊어버리는 학생으로, 자신이 배운 개념을 활용한 문제라 하더라도 조금만 문제가 달라지면 풀지 못하는 경우가 많다. 그러므로 단원별로 개념을 세세히 나누고 동일 문제 유형으로 차근차근 학습할 수 있는 문제 유형이 있는 참고서가 좋다.

둘째, 학습 성향을 파악해야 한다. 각각의 학생들은 자신만의 고유

한 학습 패턴을 가지고 있다. 공부 방법도 차이를 보인다. 학습자의 성향에 따라서 비슷한 수준의 참고서라도 교재의 구성에 따라 선택이 달라진다.

셋째, 해설지가 친절한 교재를 구입한다. 많은 학생이 해설지는 학원 선생님의 것, 학생들은 절대 보면 안 되는 것으로 인식하는 경향이 있다. 물론, 해설지를 보고 답만 베낀다면 해설지가 없는 것이 좋겠지만, 답을 베끼려고 교재를 구입하는 것이 아니라 나의 학습 성장을 위한 교재 구입이니 좀 더 나에게 친절한 해설지인지를 파악하는 것이 중요하다. 따라서 교재를 구입하기 전에 해설지를 보고 해설지에서 각각의 보기들을 내가 이해하기 쉽게 설명했는지, 문제에서 요구했던 개념이 무엇인지, 요약정리되어 있는지 등을 확인해야 한다. 해설지만 잘 활용하여도 자기주도성을 극대화시킬 수 있다.

표 3-4 에듀플렉스 에듀코치 개별지도 교재 추천 로드맵 예시 - 중등수학

	1단계		2단계		3단계	
개념서	『체크체크 개념수학』					
			『개념+유형(개념편)』			
					『개념원리 중학수학』	
문제집	『수력충전』					
			『개념+유형(라이트)』	『개념+유형(파워)』		
				『쎈 중등수학』		
				『개념원리 RPM』		
					『일품』	
					『최상위수학』	
					『에이급수학』	
내신 & 서술형	교과서					
			『내신특강』			
			『백발백중 기출문제집』			
			『알찬 수학만 기출문제집』			
				『톡! 서술형 실전편』		
전과정	『중등수학 전과정 절대개념 234』					
	『중등수학 전과정 절대유형 234』					

학습전략 세우기 ③
- 긴 안목을 가져라 -

"멀리 보는 새가 높이 난다."

제주도 한라산을 처음 오르는데 오로지 내 발끝만 보고 간다면? 망망대해를 혼자 노를 저어 가는데 항구가 어디 있는지 모른다면?

아마 가는 것이 무의미하게 느껴지고, 어디로 가야 하는지 알 수 없음에 답답해질 것이다. 끝없는 막막함에 쉽게 지치게 된다. 게다가 목적지에 잘못 도착했다면 상황은 더 최악이 된다.

새도 멀리 보니 높이 날 수 있다. 공부도 마찬가지다. 현재 공부의 최종 목적지를 생각하고 있는가? 그 목적지는 학생마다 다르다. 목적지는 학생마다 다를 수 있지만, 중요한 것은 목적지의 유무다. 목적지를 생각하고 공부하는 것과 하루하루 손에 잡히는 대로 공부하는 것은 결과에서 많은 차이를 보인다.

어떻게 하면 자신의 목적지를 생각하면서 공부할 수 있을까

우선 나에게 맞는 장기적인 공부 계획(포트폴리오)을 세워야 한다. 장기적인 학습 계획(포트폴리오)을 작성하면 다음과 같은 장점이 있다.

첫째, 나의 현실을 파악할 수 있다.
둘째, 앞으로 무엇을 공부해야 할지가 명확해진다.
셋째, 공부의 페이스를 조절할 수 있다.
넷째, 공부의 균형 잡힌 그림을 그릴 수 있다.
다섯째, 공부에 의욕을 가질 수 있다.

장기적인 학습 계획(포트폴리오)을 작성하기 위해서는 다음의 세 가지 요소를 고려해야 한다.

첫째, 학사 일정을 파악한다. 매년 3월이면 학교 홈페이지에 연간 학사 일정이 올라온다. 학사 일정을 바탕으로 전체적인 큰 틀을 잡아보자. 크게 1학기 중간고사, 기말고사, 여름방학, 2학기 중간고사, 기말고사, 겨울방학으로 나눌 수 있다.

둘째, 기간에 맞춰 학습 교재를 선택한다. 자신의 성적 점수대와 일일 학습량을 고려하여 기반학습, 보충학습, 내신대비, 후행학습, 선행학습 등 자신의 전략에 맞춰 학습할 교재를 선택한다.

셋째, 공부 기간과 순서를 정한다. 과목 간의 균형을 맞추고 우선 순위와 실현 가능성을 고려하여 과목별, 교재별 공부 기간과 순서를 정하여 표시한다.

이 세 가지 요소를 고려하여 목표와 전략, 교재와 학습량을 정확히 표시하도록 한다. [그림 3-4]는 장기 학습 계획인 포트폴리오의 예시이다.

고1 하반기 포트폴리오 예시			7월				8월			
과목	교재	학습	1주	2주	3주	4주	1주	2주	3주	4주
	목표						기반학습 (현대문학 중심, 어휘)			
국어 / 어휘	국어 개념 교과서	3회독 +프린트					2회독 완료			
문학	자이스토리 문학 - 기본편	1회독 목표	기말고사 내신 교과서, 부교재, 시험범위 모의고사 집중관리 변형문제, 보충문제 풀이							
	매3문	주말 1DAY								
	현대시의 모든것	방학이용					매일 10작품씩			
	현대 산문의 모든것	방학이용					매일 5작품씩			
비문학	자이스토리 문학 - 기본편	매일 3개씩								
	매3비	방학이용					매일1 DAY			
모의고사	쎄듀 고1 모의고사 기출	매주 2째주					매주 목요일 시험			
내신관리	학교 교재/부교재	주4회					방학 보충교재 진도에 맞추어			
	목표						어휘 기르기, 문법 기본			
영어 / 어휘	능률 VOCA (독해 단어 병행)	하루 1~2DAY	기말고사 내신 교과서, 부교재, 시험범위 모의고사 집중관리 변형문제, 보충문제 풀이				주말이용 3DAY 씩			
	This is vocabulary 고급	하루 1DAY					평일 1DAY 씩			
문법	진짜영2	방학전까지 1회독								
	어법끝 start 2.0 / 실력다지기	방학부터 1회독								
	grammar zone 기본편 1	1회독					대단원별 매일 끝내기 완성 (시간 많이 소요됨)			
독해	자이스토리 영어 독해 기본편	매일 10지문								
	빈칸 대반전	방학이용					하루 2지문			
듣기	MP3 고교 듣기 유형별 파악	주2회					주 2회 분할 (1.완전 받아쓰기, 2.주요표현 암기)			
모의고사	쎄듀 고1 모의고사 기출	매주 2째주					매주 목요일 시험.			
내신관리	학교 교재/부교재	매일 3지문					방학 보충교재 진도에 맞추어			
	목표						빠른 수학(하) 준비 타이트하게			
수학 / 수학(하)	개념원리 / RPM	개별지도	기말고사 내신 교과서, 부교재, 시험범위 모의고사 집중관리				주5회 개별지도 수업 개념중심			
수학(하)	개념원리 / RPM	복습					숙제관리			
모의고사	쎄듀 고1 모의고사 기출	매주 2째주					매주 목요일 시험			
내신관리	학교 교재/부교재	매일 30문제					학교 부교재 중심			

그림 3-4 장기 학습 계획(포트폴리오) 예시

	9월		10월				11월				12월			
	3주	4주	1주	2주	3주	4주	1주	2주	3주	4주	1주	2주	3주	4주
	중간고사 직전 대비				내신대비				모의고사 대비 최근 2개년 국, 영, 수 기출	기말고사 직전대비			문학 마무리	
													3회독	
	중간고사 내신 교과서, 부교재, 시험범위 모의고사 등 집중관리 변형문제, 보충문제 풀이				주말이용 10작품					기말고사 내신 교과서, 부교재, 시험범위 모의고사 집중관리 변형문제, 보충문제 풀이			매일 10작품	
					주말이용 5작품								매일 5작품	
					화, 금, 토 2지문씩, 일 1DAY (3지문)								마무리	
					학교 부교재 중심					학교 부교재 중심			방학 보충교재 진도에 맞추어	
	중간고사 직전 대비				내신대비					기말고사 직전대비			영어 상향	
					1DAY 씩								1DAY 씩	
	중간고사 내신 교과서, 부교재, 시험범위 모의고사 등 집중관리 변형문제, 보충문제 풀이				매일 3챕터를 2번에 나누어서					기말고사 내신 교과서, 부교재, 시험범위 모의고사 집중관리 변형문제, 보충문제 풀이			매일 3챕터	
													하루 2지문	
													총 24회중 14회까지 완료	
					학교 부교재 중심					학교 부교재 중심			방학 보충교재 진도에 맞추어	
	중간고사 직전 대비				내신대비					기말고사 직전대비			수학(상/하)복습	
					주3회 개별지도 수업 개념중심 (기말고사 범위)					기말고사 내신 교과서, 부교재, 시험범위 모의고사 집중관리			모의고사 통해서 1학년 수학 복습	
	중간고사 내신 교과서, 부교재, 시험범위 모의고사 등 집중관리 변형문제, 보충문제 풀이				숙제관리									
					학교 부교재 중심								보충교재에 맞추어 진행	

학습전략 세우기 ④
- 한 달 계획을 세워라 -

장기 학습 계획(포트폴리오)를 세웠다면, 장기 학습 계획을 바탕으로 단기 학습 계획(텀스케줄러)을 세울 수 있다. 단기 학습 계획(텀스케줄러)는 우리가 작성한 장기 학습 계획(포트폴리오)을 실현하기 위해 매일 얼마만큼 공부해야 하는지 분량을 구체적으로 보여주는 계획표이다. 텀스케줄러(Term-Scheduler)는 시험대비, 방학 등 1~2개월의 분량을 하루 단위의 학습계획으로 구현한다.

텀스케줄러는 공부 긴장감을 유지하는 데 도움을 준다. 텀스케줄러를 작성하기 전에는 대부분 학생들이 막연한 공부계획만 가지고 있다. 학생들이 직접 텀스케줄러를 작성하다 보면, 시험대비를 위해 과목별로 3~5회독을 하고 싶지만, 생각보다 공부시간이 많지 않다는 것을 깨닫게 된다. 이런 생각을 가져야 주어진 시간을 알차게 보낼 수 있고 시험기간에는 벼락치기를 방지할 수 있다.

텀스케줄러 작성법

1	포트폴리오에서 현재 시기를 파악한다.
	- 시험기간, 방학기간, 기반학습 기간 등
2	파악한 시기의 목표를 명확히 한다.
	- 중간고사 수학 90점 받기 - 여름방학 동안 문법책 1권 마스터하기 - 겨울방학 동안 중2 수학 교과서로 1회독 복습하기 등
3	기간 동안 공부할 교재를 모두 적어본다.
	- 교과서, 자습서, 기본서, 문제집, 기출문제, 프린트 등 주어진 기간 동안 공부할 교재를 모두 파악한다.
4	요일별 자가학습시간을 적는다.
	- 학교, 학원, 과외 등을 제외한 실제학습시간을 계산한다. - 학년별 권장 시간은 초등학생은 하루 2시간, 중학생 3시간, 고등학생은 4~5시간이다. 그리고 방학기간에는 2배의 학습시간을 가질 수 있도록 해야 한다.
5	과목별, 요일별 원칙을 세운다.
	- 취약과목과 전략과목의 균형을 맞추었는가? - 과목별 학습량의 균형을 맞추었는가? - 학교 진도를 고려하였는가? - 예를 들어 월·수·금은 수학, 화·목·토는 영어, 사회/과학은 학교 수업 있는 날 복습 등
6	과목과 분량을 요일별로 배정한다.
	- 공부할 과목과 교재의 분량을 학습시간에 맞춰 요일별로 배정한다. - 소단원 또는 페이지를 적어 공부할 내용을 명확히 한다.
7	버퍼데이를 넣는다.
	- 버퍼데이란 특별한 사유로 인해 계획이 지켜지지 못할 것을 대비하여 미리 만들어 놓은 여유 시간이다. 보통 주말을 활용하면 좋다. - 버퍼데이는 계획을 보다 현실적으로 만들어 준다. - 주의할 점은 버퍼데이의 원래 목적을 잊어버리고 "버퍼데이에 하면 되니까"라며 계획을 미루어서는 안 된다.

과목	목표	교재	학습방법	시간	19 월	20 화	21 수	22 목	23 금	24 토	25 일	26 월	27 화
OO중학교 3학년									개념학습				
OO 매니저							3월		4주				
상담 주제							1010노트 정리법						
자기주도 학습시간 [에듀(집) / hour]					6/1	5/2	6/1	5/2	5/2	6		6/1	5/2
국어	93	교과서/프린트	학교수업복습	0.5	v	v		v	v			v	v
		자습서	핵심정리-> 학습활동	1								1-1 봄길C	1-1 저녁C
		기반학습 프린트	갈래별특징파악	1	X	X		소설	소설	수필	수필		
		평가문제집	오답정리	1									
영어	91	교과서/프린트	단어 -> 해석	0.4	1과 본문	1과 본문	2과 단어	2과 본문	3과 단어	3과 본문		1과 문법	1과 문법
		평가문제집	1과를 2일씩	1	1과 본문	1과 본문	2과 본문	2과 본문	3과 본문	3과 본문		1과 접속	1과 대화
		grammar note3 / 오메가 그래머	튜터링(금/토)	1.5					접속사	1가정법문			
		프린트	4월 2주부터 변형문제	1									
수학	100	교과서/프린트	학교수업복습	0.5	v	v		v		I실수 단원	버퍼데이	v	v
		모의 테스트	매일 20문제	0.5	I-1 제곱근	무리수	I-1 근호	인수	II-1 활용	II-1 중간		I-1 제곱근	무리수
		개념+유형 파워	튜터링(월/수)	1.5	II-2 활용		II-1 방정식					II-1 단원 오답	
		최상위수학	튜터링(월/수)		II-2 활용		II-1 방정식					I단원 오답	
사회	95	교과서/프린트	학교수업복습	0.5	v				v			v	
		한끝	4월부터 1강씩	1									
과학	100	교과서/프린트	학교수업복습	0.8				v	v	v			
		오투	32~48, 4,9,13,19,20	1	X	X	X	X	X	X		X	
		평가문제집	실험->오답정리	1									
역사	100	교과서/프린트	학교수업복습	0.5		v		v	v				v
		평가문제집	흐름정리 ->백지테스트	1.4									

그림 3-5 단기 학습 계획(텀스케줄러) 예시

			문제풀이							프린트 학습						
5주			4월 1주							4월 2주						
30	31	1	2	3	4	5	6	7	8	9	10	11	12	13	14	15
금	토	일	월	화	수	목	금	토	일	월	화	수	목	금	토	일
			행동목표 실천							시험불안도 관리						
5/2	6		6/1	5/2	6/1	5/2	5/2	6	7	6/1	5/2	6/1	5/2	5/2	6	7
v			v	v		v	v		모의중간	v	v		v	v		모의중간
2-2 주장	3-2 문법															
			1-1 봄길	1-2 공작	2-1 토론	2-2 주장	3-1 맛있			예상 1단원	예상 1단원	예상 2단원	예상 2단원	예상 3단원		
3과 문법	3과 문법		외부 지문1	외부 지문1	외부 지문2	외부 지문2	외부 지문3	외부 지문3	모의중간							모의중간
3과 멜프	3과 대화		1과 순서	1과 암기	2과 순서	2과 암기	3과 순서	3과 암기	통암기 test							통암기 test
분사	부정사						부정사	현재완료						서술형 연습1	서술형 연습2	
										변형 문제1	변형 문제2	변형 문제3	예상 1-3	예상 1-3		
	Ⅱ문자단원	버퍼데이	v	v		v			모의중간	v	v		v	v		모의중간
Ⅱ-2 활용	모의중간		Ⅲ-1 방정식													
			3단원 오답		학교 예상					기출 2017		기출 2016				
			3단원 오답		학교 예상					기출 2017		기출 2016				
			v		v				모의중간	v			v			모의중간
			Ⅰ문화	Ⅱ글로벌	Ⅲ세계화	Ⅳ자원										
v				v	v	v			모의중간			v	v	v		모의중간
47	4		9	13	19	20										
			Ⅲ-1,2 크기	Ⅲ-3 변화	Ⅲ-4 구성	Ⅰ-1 정전	Ⅰ-2,3 전류	Ⅰ-4,5 자기								
				v		v	v		모의중간			v		v		모의중간
			1-1 흥선	1-2 개혁	1-3 대한	1-4 일제	1-5 변동	2-1,2 일제								

학습전략 세우기 ⑤
- 하루하루 알차게 보내라 -

책상에 앉자마자 공부를 시작할 방법이 있을까? 자습 시간에 공부하는 두 학생을 생각해보자.

자습 시작
A 학생: 수학 30~36페이지 피타고라스 정리 심화 개념정리, 공식 증명까지 해야지.
B 학생: 아 뭐 공부하지? A라는 친구가 수학 공부하고 있네? 그럼 나도 수학 공부해야지.

자습 15분 경과
A 학생: 개념정리까지 15분 걸렸네. 공식 증명까지 해야겠다.
B 학생: 지겹다. 수학은 이제 그만하고 영어 공부해야지.

쉬는 시간
A 학생: 공식증명이 생각보다 오래 걸렸네. 다 끝내고 5분 쉬어야지.
B 학생: 어! 쉬는 시간이다. 그만해야지.

자습 마무리
A 학생: 수학 32~36페이지 개념, 공식 완료! 공식 증명이 어려우니 내일 5분 복습!
B 학생: 오늘 수학 공부랑 영어 공부했음!

A 학생과 B 학생의 공부 모습은 어떤 차이가 있는가? 결정적인 차이는 일일 계획의 유무이다. 구체적으로는 목표와 장·단기 계획이 반영된 일일 계획의 유무이다. 자기주도학습을 함에 있어서 '일일 계획'

은 하루 공부량을 시간 대비 분량으로 나누어 계획하는 것으로, 계획의 가장 작은 단위이면서, 동시에 실천의 실질적인 동반자라고 할 수 있다.

일일 계획이 왜 중요할까

첫째, 공부하려는 의지의 증거로 사용할 수 있다. 기록으로 남긴 계획은 자신이 스스로 한 약속이기에 책임감을 가질 수 있다.

둘째, 자원을 효율적으로 사용할 수 있다. 목표를 이루기 위해 시간, 학습 도구, 조력자 등의 자원을 효율적으로 배치하여 사용할 수 있다.

셋째, 잡념 없이 공부할 수 있다. 무엇을, 어떻게 해야 할지가 분명하기 때문에 막연함의 두려움에서 벗어날 수 있다.

넷째, 자신을 객관적으로 평가할 수 있다. 계획 실행을 되돌아보면서 자신이 성취한 것, 부족한 것을 알 수 있다.

다섯째, 목표를 잘 달성할 수 있다. 계획은 목표를 이루기 위한 과정이다. 목표를 향한 한발 한발의 계획이 목표를 달성하게 하는 힘이다.

자신을 되돌아보자. 자신은 A 학생인가? 아니면 B 학생인가? 만약

B 학생이라면 앞으로 나오는 일일계획 작성 원칙을 당장 실천하기를 바란다.

원칙 ① - 일일 계획 세우는 것을 습관화한다

꼭 해야 하는 일은 일상생활에 갖다 붙이는 것이 효과적이다. 일일 계획 세우기를 매일 규칙적으로 정해진 시간에 실천하면 습관이 된다. 예를 들어 전날 밤 잠들기 전 항상 계획을 세운다던가 그 날 아침 등교하자마자 계획을 세우는 등 규칙적으로 작성할 수 있는 시간을 확인한다.

원칙 ② - 자신을 알고 계획을 세운다

자신이 지키기 너무 어려운 계획은 좌절하게 하고, 지키기 너무 쉬운 계획은 자신을 성장하지 못하게 한다. 항상 자신의 능력보다 약간 빠듯하게 꼭 달성한다는 각오로 세워야 한다. 그러기 위해서는 자신이 자습할 수 있는 시간을 알아야 하고 스스로 1시간 동안 어느 정도 분량을 학습할 수 있는지를 알아야 한다.

원칙 ③ - 구체적으로 세운다

계획은 구체적일수록 실천력이 높아진다. 막연한 계획은 그 막연함의 틈바구니로 온갖 핑계와 예외 사항이 끼어든다. 즉, '언제', '무엇을', '어떻게'가 분명하게 드러나게 세운다. '언제'를 생각할 때는 실행 기간과 마감 기간을 꼭 정한다. '무엇을' 부분은 공부할 과목, 소단원, 책 페이지를 정확히 정한다. '어떻게'는 구체적인 학습방법을 정한다. 예를 들어 '오후 7시~8시까지 수학 교재 60~70페이지 부분을 연습장에 풀어보고 교재에 채점 후 틀린 문제는 오답 노트를 정리한다.'는 식으로 말이다.

원칙 ④ - 시간 단위가 아니라 분량 단위로 세운다

초등학교 때 방학 숙제로 세운 생활계획표를 모두 기억하는가? 동그란 시간표 형식으로 시간 동안 자신이 할 내용을 적는 방법이다. 며칠이나 지켜졌는가? 인간은 시간을 통제할 수 없다. 따라서 분량 단위의 시간표를 세우는 것이 좋다. 분량 단위 계획표란 해야 할 일의 구체적 분량과 걸리는 시간이 드러난 계획표이다.

예를 들면 '국어 1단원 개념정리하기(교과서 10~16페이지) - 30분 소요', '수학 1단원 문제풀이하기(『쎈』 8~10페이지) - 40분 소요' 등으로 표기할 수 있다.

원칙 ⑤ - 우선순위를 생각하여 세운다

무엇이 가장 중요한지, 가장 먼저 해야 하는 것은 무엇인지 생각하여 계획을 세운다. 보통 취약과목, 주요과목 중심으로 우선순위를 세우면 된다. 그리고 시간 매트릭스에 넣은 후 우선순위를 정한다. 시간 매트릭스에서 1순위는 중요하고 긴급한 일, 2순위는 중요하지만 긴급하지 않은 일, 3순위는 중요하지는 않지만 긴급한 일, 4순위는 중요하지도 않고 긴급하지도 않은 일이다.

The Time Matrix

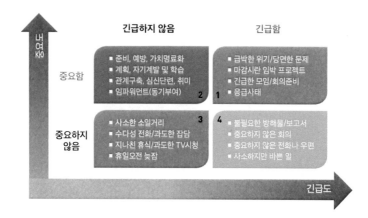

그림 3-6 우선순위 시간 매트릭스 예시
[출처: 『소중한 것을 먼저하라』(스티븐 코비 지음, 김경섭 역, 김영사)]

원칙 ⑥ - 미룬 일은 반드시 돌아온다는 것을 명심한다

오늘 내가 미룬 일은 내일 부메랑처럼 다시 돌아온다. 그렇다면 미루지 않으려면 어떻게 해야 할까? 좋아하는 일과 좋아하지 않는 일을 섞어 계획을 세운다. 'Just Do It!(일단 해라!)'과 'Do It Now!(즉시 해라!)'를 되새긴다.

원칙 ⑦ - 버퍼시간을 마련한다

자동차에도 4개 타이어 외에 스페어타이어가 있듯 구멍 난 계획을 메워 줄 스페어 타임을 계획해야 한다. 버퍼시간이란 특별한 사유로 인해 계획이 지켜지지 못할 것을 대비하여 미리 만들어 놓은 여유시간이다. 대개 주말을 이용하면 좋다. 계획이 흐트러지는 것을 막는 버퍼시간은 필수이다.

원칙 ⑧ - 계획 중독증을 경계한다

계획 없이 무작정 공부하는 것도 위험하지만, 더 위험한 것은 매일 계획을 세우는 데 시간을 많이 보내는 것이다. 계획은 그 시간에 할 일만 분명히 알려주면 된다. 계획하는 데 불필요한 힘과 시간을 소모하지 말라. 계획을 세우는 시간은 하루 5~10분이면 충분하다.

원칙 ⑨ - 매일 하루를 반성한다

현재보다 더 나은 나를 위해서는 나를 돌아보는 시간이 필요하다. 더 나은 내일을 위해서 하루 공부 계획표를 보며 평가한다. 평가할 때는 크게 객관적 평가와 주관적 평가로 나누는 것이 좋다. 객관적 평가에는 계획 이행도(얼마나 수행했는가?), 계획 적합도(계획에 문제가 없는 가?)가 있다. 주관적 평가는 마음가짐으로 자신이 계획에 적극적으로 임했는지 되돌아보면 된다. 평가할 때 기억할 것은 좌절 금지! 긍정적 마인드이다. 100% 달성하지 못했다고 좌절하지 말고, 점점 더 나아질 것이라는 생각을 가져야 한다.

원칙 ⑩ - 자신의 계획을 주변에 알린다

자신의 결심을 말로 다짐하여 주변에 알리면 주변의 협조를 받을 수 있을 뿐만 아니라 책임감을 느끼고 계획을 실천할 수 있다. 자신의 주변인인 가족, 친구, 학습을 도와주는 선생님 등에게 자신의 계획을 알리고 주변 사람에게 검증과 관심을 받자.

이상의 10가지 원칙을 항상 생각하며 하루하루 계획을 세운다면 분명 자신의 목표에 한 발 더 다가가는 자신을 발견할 수 있을 것이다.

메타인지 활용하기
- 최상위권의 비밀 -

Q. 성적이 올라가는 방법은 다음 중 몇 번인가?
   1) 아는 것을 반복 공부한다
   2) 모르는 것을 보충 공부한다

몇 번이 정답일까? 가령, 역사 시험을 앞둔 학생이 시험 범위 내용의 70%만 암기했다고 가정해 보자. 이미 알고 있는 70%만 반복해서 공부한 후 시험을 보러 간다면 몇 점을 받게 될까? 내용의 70%만 알고 있으니 70점을 받게 될 것이다. 반대로 모르고 있던 30% 중 20%를 보충 공부한 학생이 시험을 본다면 어떤 결과가 나올까? 원래 알고 있었던 70%에 20%가 추가되어, 90점을 받게 될 확률이 높다.

이렇듯 아는 부분과 모르는 부분을 스스로 구분하는 능력을 메타인지라고 한다. 과학고 출신의 수학 강사가 "과학고 아이들은 문제집을 처음부터 끝까지 풀지 않습니다. 문제를 훑어보면서 발췌해서 풀지요."라는 말을 했다. 과학고 아이들은 어떤 문제를 발췌해서 풀까? 어려워 보이는 문제, 도전해 볼 만한 문제를 발췌해서 푼다. 이것은 메타인지를 충실히 활용하고 있는 것이다.

메타인지 능력이 발달하면 발달할수록 성적이 올라갈 확률이 높다. 스스로 아는 부분과 모르는 부분을 구분한 후 모르는 부분 위주로 공부하면 당연히 성적이 올라간다. 그런데 보통의 아이들은 성적이 오르지 않는데, 무엇이 문제일까?

보통의 아이들은 스스로 무엇을 알고 무엇을 모르는지 모른다. 따라서 메타인지 능력을 높일 수 있도록 메타인지를 활용한 공부법을 익히는 것이 상위권으로 도약하는 데 도움이 될 것이다.

메타인지 학습법 - 문제집 활용하기

문제집을 푸는 목적은 무엇일까? 문제집 풀이는 90점을 받는데 학교 시험은 60점을 받는 학생과 문제집 풀이는 60점이지만 학교 시험은 90점을 받는 학생이 있다면, 우리는 전자와 후자 중 누구를 선택할까? 당연히 후자를 선택할 것이다.

메타인지를 배운 사람이라면 문제집 풀이의 목적을 명확히 말할 수 있어야 한다. 문제집을 푸는 이유는 스스로 알고 있는 부분과 모르고 있는 부분을 구분하기 위해서다. 알고 있는 부분과 모르고 있는 부분을 구분한 후에는 어떻게 하면 될까? 모르는 부분을 반복 공부하면 성적은 오르게 된다. 반복 공부를 위해서 우리는 문제집에 답을 적거나 낙서를 하지 않는다. 책에는 OX 표시만 한다. 그렇게 해야만 2번, 3번을 풀어도 처음 푸는 것과 같은 느낌을 유지할 수 있다.

메타인지 학습법 - 백지테스트

백지테스트란 말 그대로 공부한 내용을 백지에 테스트해 본다는 뜻으로, 공부를 시작하기 전에 연습장이나 A4용지와 같은 백지를 준비한다. 예를 들어서 지구과학을 공부한다고 가정해 보자. '지구 자전'이라는 단원이 있다. 소제목이 1) 지구의 자전 뜻, 2) 지구 자전에 의해 나타나는 현상, 3) 지구 자전의 증거 이렇게 3개로 나뉘어 있는데, 소제목의 개수만큼 백지를 3등분으로 접은 후에 각 등분의 제 위쪽에 소제목을 적는다.

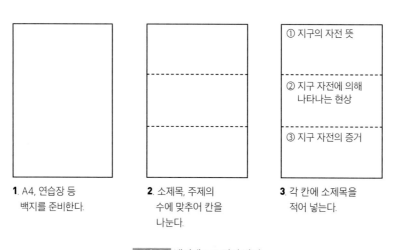

1. A4, 연습장 등
백지를 준비한다.

2. 소제목, 주제의
수에 맞추어 칸을
나눈다.

3. 각 칸에 소제목을
적어 넣는다.

그림 3-7 백지테스트 작성 방법

백지 준비가 완료되면, 백지를 덮고 공부를 한다. 공부가 다 끝나면 책을 덮고 책상 한 쪽에 덮어두었던 백지를 가져와서 본인이 공부한 내용을 쭉 써본다. 백지에 암기한 내용을 다 적고 난 후, 다시 책을 펴서 써놓은 글이랑 책의 내용을 비교한다. 이를 비교하면 스스로 뭘 외웠고 뭘 못 외웠는지 알게 된다. 몰랐던 내용이나 보충해야 할 내용을 빨간펜으로 쓴 후, 다시 공부할 때는 빨간 글씨 위주로 공부를 하는 것이 백지테스트를 활용한 학습법이다.

메타인지 학습법 - 점검표

점검표는 각 과목에 대하여 어느 단원의 공부가 부족한지, 단원별로 어떤 과정이 더 필요한지를 전체적으로 알 수 있는 도구이다. 저학년 학생일수록 공부 시야가 좁고, 거시적인 안목이 부족할 수 있는데, 점검표는 단원별 상태를 시각화(Visual)시켜줌으로써 한눈에 알 수 있는 장점이 있다.

점검표 사용할 때는 먼저 좌측에 단원명을 쓴다. [그림 3-8]에서는 수학(하)라는 과목을 예로 들고 있는데, 수학(하)는 집합부터 순열, 조합까지 단원이 구성되어 있다. 왼쪽에 단원명을 쭉 썼으면, 다음은 표 상단에 점검해야 할 내용, 이를테면 개념이해, 유도증명, 공식암기, 백지테스트, 문제풀이 등을 쓴다. 4장에서 배울 예정인 이해-사고-정리-암기-문제풀이의 5단계를 적어도 무리가 없다.

표의 상단과 왼쪽을 다 채웠다면, 단원별로 공부하면서 공부한 단원에 대해 OX△를 표시한다. 모든 단원에 대하여 OX△ 표시가 끝나고 나면, 2회독 학습할 때, X와 △중 어떤 단원부터 재학습을 하면 될까?

시험까지 시간이 넉넉하다면 X와 △를 모두 학습하면 되겠지만, 시험까지 시간이 얼마 남지 않았다면, 학습하는데 시간이 덜 걸리는 △ 위주로 공부하는 것이 전략적인 방법이라 할 수 있다.

수학(하)	개념이해	유도증명	공식암기	백지테스트	문제풀이
집합의 뜻과 표현	○	○	○	○	○
집합의 연산	○	○	○		
명제	○	△	△		
함수	○	○	○	○	○
유리식과 유리함수	○	○	○		
무리식과 무리함수	△	△	○		
경우의 수					
조합					

그림 3-8 점검표 작성 예시

[출처: 『잠들어 있는 공부 능력을 깨워라』(윤태황 지음, 북랩)]

인강 활용법

　학습 전략을 세움에 있어 인터넷 강의(이하 인강)는 빼놓을 수 없는 학습 도구다. 일부 지역의 경우, 밤 10시 이후 심야 교습의 금지로 인해 인강이 학원의 대안으로 자리 잡고 있다. 심야 교습 금지의 영향이 아니더라도 인강은 시간과 장소에 구애받지 않고 언제, 어디서든 수강할 수 있기에 효과적으로 사용할 수 있다.

인강, 어떻게 듣는 것이 가장 효과적일까

　인강은 '모 아니면 도'라는 이야기가 있다. 인강으로 유명한 강사들은 이미 현장에서 검증된 유명 강사들이다. 그런데 왜 인강을 수강하는 것이 '모 아니면 도'라는 이야기가 나온 것일까? 강사들의 실력을 의심해서 나온 말이 아니다. 인강은 학생의 실천력에 따라 효과가 좌우되기에 학생에 따라 효과가 '모 아니면 도'라는 이야기다.

　대부분 학생들은 인강을 처음 수강할 때 원대한 목표를 가지고 듣기 시작한다. '내가 이 강의를 듣고 이 과목을 마스터해야지!' '나는 할 수 있어.' 등의 생각을 한다. 하루에 4시간씩 인강을 수강하겠다고 계획을 세운다. 하지만 그런 자신감과 결심들은 이내 무너진다.

일주일이 채 지나지 않아 좌절감으로 바뀐다. 이렇게 좌절하는 이유는 뭘까? 학생들이 지나치게 빡빡한 실천계획을 세우기 때문이다. 성공적으로 인강을 활용하기 위해서는 현실적인 학습계획이 필요하다.

효과적인 인강 전략 세우기

첫째, 분명한 목표를 가지고 인터넷 강의를 선택한다. 인터넷 강의가 짧게는 핵심강의만 하는 10분 분량의 강의부터 문제풀이까지 함께하는 50분 정도로 편성된 강의까지 학습시간이 다양하다. 강의 계획표와 맛보기 강의를 들어보면서 내가 강의를 통해서 이루고 싶은 목표가 핵심개념을 정리하기 위한 것인지, 심화문제풀이를 위한 것인지 목표를 정확히 설정하자.

둘째, 하루에 들을 수 있는 적절한 횟수를 정하고 꾸준히 실천한다. 학습이라는 것은 학(배움)과 습(복습)이 1:2가 되었을 때 가장 큰 효율을 낸다. 그렇다면 무작정 많이 듣는 것이 학생에게 좋은 학습법은 아니다. 인강을 1개를 듣고 다시 내용을 머릿속으로 정리해보고 스스로 이해한 것을 바탕으로 문제를 풀어보는 과정을 통해서 내가 집중해서 공부할 수 있는 분량을 정해서 매일매일 꾸준히 반복하는 것이 중요하다. 매일 1~2개의 인강을 수강하겠다는 계획은 학생 스스로도 흥미를 잃지 않으면서 동시에 기본을 탄탄히 다질 수 있는 기회가 될 것이다. 하지만 너무 큰 욕심으로 하루에 5개씩 인강을 다 수강하겠다고 계획한다면 이것은 며칠 만에 흥미를 잃고 다시는 인강을 수강하지 않겠다는 생각으로 바뀔 수 있으니 너무 조급하게 계획을 짜지 않는 것이 좋다.

셋째, 게시판을 활용해서 질문을 많이 한다. 인터넷 강의는 수업 도중 강사님과 상호작용을 할 수는 없다. 하지만 수업이 끝나고 게시판을 통해서 질문하면, 그에 대한 답변을 얻어서 우리가 궁금한 것들을 해결할 수 있다. 그렇기 때문에 수업 도중 궁금했던 내용을 궁금증 노트를 만들거나 강의교재 옆에 Q 마크를 달아서 정리한 후, 수업이 끝나고 다시 복습하면서 궁금증을 해결하거나 해결되지 않은 궁금증들은 정리해서 게시판에 올리는 습관을 들인다.

넷째, 반복 듣기, 속도 조절 기능을 활용한다. 인강은 정해진 기간 동안 횟수 제한 없이 반복해서 들을 수 있다는 것이 큰 장점이다. 취약과목을 집중적으로 공부할 경우, 모르는 부분은 여러 번 반복해서 들도록 하자. 처음에는 잘 이해되지 않던 것도 다시 보면 이해도가 높아진다. 또, 시간과 싸워야 하는 수험생들의 경우, 인강 플레이어의 속도 조절 기능만 잘 활용해도 학습효율을 높일 수 있다.

★ 이번 장을 읽으면서 느낀 점은 무엇이 있나요?

★ 이번 장을 읽은 후 실천할 점을 정리해 봅시다.

4장
::

STAR - ACT PERSISTENTLY
상위권의 공부습관을 익혀라

"배움은 우연히 얻어지는 것이 아니라 열성을 다해 갈구하고
부지런히 집중해야 얻을 수 있는 것이다."

애비게일 애덤스
Abigail Adams

공부 시간
- 상위권 vs 일반 학생 -

성적이 나오려면 일단 공부를 해야 하고, 다른 학생보다 성적이 더 잘 나오려면, 다른 학생보다 공부를 더 많이 해야 한다. 효과적인 학습전략의 유무를 떠나 공부를 하지 않고 성적을 잘 받는 방법은 없다. 최상위권 학생들은 일반 학생들보다 평소 얼마나 더 공부할까?

『대한민국 0.1%』(황치혁 지음, 황&리)라는 책에 의하면, 최상위권 학생들의 학기 중 자가학습 시간은 평일 기준으로 하루 4~5시간이다. 자가학습 시간을 측정할 때는 학원, 과외, 인강 등 배우는 시간은 제외한다. 이들은 주말이나 방학에는 평소보다 두 배 정도 많은 자가학습 시간을 확보하여 자기주도학습을 한다.

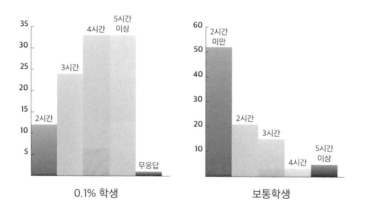

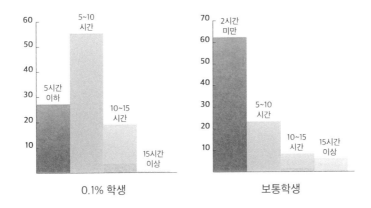

그림 4-1 0.1% 학생과 일반 학생의 학기중(위)/방학중(아래) 자가학습 시간 비교
[출처: 『대한민국 0.1%』(황치혁 지음, 황&리)]

일반 학생들의 경우, 자가학습 시간은 하루 2시간 미만이다. 일반 학생 중 일부도 최상위권과 비슷한 시간을 공부에 투자하나, 학원, 과외, 인강 등 '배우는 시간'이 '익히는 시간'보다 절대적으로 많다. 결국, 스스로 복습하는 시간이 상위권 학생과 일반 학생을 가르게 된다.

'익힐 습' 하는 시간을 확보하라

상위권 학생들은 '익힐 습' 하는 시간, 즉 복습에 많은 시간을 할애한다. 학원, 과외, 인강 등 학습 도구도 능동적으로 활용한다. 상위권 학생들에게는 학원이 꼭 예습의 도구이어야 할 이유가 없다. 때로는 복습용으로, 때로는 예습용으로, 때로는 선행을 위해, 때로는 후행을 위해 자유자재로 활용한다.

일반 학생들은 그날 배운 내용을 복습하는 데 사용하는 시간이 적다. 학교에서 배운 내용을 복습하기도 전에, 학원이나 과외를 통해 새로운 수업을 듣는다. 학교 안에서 배운 내용과 학교 밖에서 배운 내용이 모두 복습이 되지 않은 채 미완성 상태로 남는다.

일반 학생 중 일부는 학교에서 배운 내용을 복습하기보다는 학원 숙제를 우선시하는 경우가 있다. 숙제는 모자란 자가학습 시간을 이용해 기계적으로 해결한다. 수업 복습과 학원 숙제를 모두 해결하기 위해서 잠을 줄이기까지 한다. 잠이 부족해지면, 학교 수업에 대한 집중도가 떨어지고 급기야 수업 중에 잠을 자기도 한다. 공부는 많이 하지만, 소화는 미처 다 하지 못하는 악순환이 반복된다.

벼락치기로 공부하는 습관은 바람직하지 않다

중학교 시험은 고등학교 시험에 비해 시험 범위와 내용이 적어 벼락치기 공부가 통할 수 있다. 암기만으로 성적을 상승시킬 수 있다. 하지만 범위가 넓고 높은 수준의 이해와 사고를 요구하는 고등학교 시험은 상황이 다르다. 고등학교 공부는 중학교 공부보다 더 많은 공부 시간을 요구한다.

중학교 과정을 차근히 과목별, 단원별로 깊이 있게 공부한 학생은 고등학교에 가서도 도움을 받는다. 중학교 과정에서 심화된 것이 고등학교 과정이기에 중학교 공부가 탄탄한 학생은 그만큼 공부 시간을 적게 투자하고도 고등학교 공부를 완만히 소화한다.

중학교 때 벼락치기 공부를 한 학생은 깊이가 부족하고 남아 있는 지식이 많지 않아 고등학교 공부를 소화하기 위해 기초부터 다시 다지는 시간이 필요하다. 공부할 시간을 더 많이 확보해야 하는데 고등학교 공부마저도 벼락치기를 하려고 들면 많은 양과 깊이에 좌절하고 포기하게 된다. 이것이 중학교 때부터 공부 시간을 확보해서 차근차근 깊이 있게 공부를 해야 하는 이유다.

엉덩이 힘
- 절제력, 집요함, 집중력 -

음악을 들으면서 공부해야 집중력이 생긴다는 학생

학습한 내용을 혼자 중얼거려야 암기가 잘 된다는 학생

방에 누워서 편하게 공부하는 게 좋다는 학생

누군가에게 설명해주면서 공부해야 이해가 더 잘 된다는 학생

공부 시간을 어떻게 활용하는 것이 올바른 방법일까? 학생들에게 똑같은 공부 시간을 부여하고 공부한 내용을 점검하면 학생별로 차이가 나타난다. 이러한 차이가 나타나는 이유는 뭘까?

시간은 양적 시간과 질적 시간으로 나뉜다. 상위권 학생의 성적을 올리는 비결은 4~5시간의 자가학습 시간을 확보하는 것이었다. 단지 시간만 확보한다고 성적이 올라갈까? 확보된 시간만큼 그 시간을 질적으로 잘 활용해야 한다. 시간을 질적으로 잘 활용하고 있는지는 절제력, 집요함, 집중력의 세 요소로 판단할 수 있다.

절제력

주어진 시간 안에 학습하기로 한 내용을 끝내야 하는데 친구들이

찾아와 함께 놀자고 한다면 어떻게 하겠는가? 성적을 올리기 위해서는 반드시 절제력이 요구된다. 절제력이 강한 학생은 자신의 학습을 위해 유혹을 뿌리칠 수 있다. 그래야만 계획한 학습량을 마칠 수 있기 때문이다. 상위권 학생들은 자신이 계획한 학습 시간과 학습량을 철저하게 수행한다.

반면에 절제력이 약한 학생들은 유혹을 뿌리치지 못하고 친구들과 놀기 마련이다. 공부한다고 해도 대충 끝마치거나 멍을 때리면서 시간을 허비한다. 결국, 주어진 학습량을 마치지 못하고 공부를 하여도 그 내용을 제대로 이해하지 못한다.

300만 권 이상 팔린 베스트셀러『마시멜로 이야기』(호아킴 데 포사다 지음, 21세기북스)를 읽어 보면, 자신의 의지로 오늘의 작은 마시멜로를 참아내고 내일의 큰 마시멜로를 얻어내는 '절제력'에 대한 이야기가 나온다. 현재의 기쁨과 즐거움에 집중하려는 학생들은 절제력을 키우고 더 행복한 미래를 만들 수 있도록 자신을 변화시켜 보자.

집요함

집요함을 키워야 성적을 올릴 수 있다. 특히 수학이나 과학 과목을 공부할 때 집요함이 요구된다. 상위권 학생들은 문제를 푼 다음 틀린 문제가 나오면 반드시 다시 풀어 본다. 일반 학생들은 어떠한가?

대다수의 학생이 답을 구할 때까지 다시 풀기보다는 답지를 보면서 '아 그렇구나!' 하고 '이해됐구나!' 하며 그냥 넘어간다. 분명 올바른 방법은 아니다.

성적을 올리기 위한 방법 중 한 가지는 오답 노트의 활용이다. 틀린 문제는 다음에 다시 풀었을 때 스스로 답을 도출할 수 있어야 한다. 오답 노트를 작성하며 집요하게 문제를 해결하려는 학습 의지가 필요하다.

집중력

주어진 시간에 목표한 학습량을 마치려면 집중력을 발휘해야 한다. 목표한 양을 달성하면 자신감도 상승하게 된다. 성적을 올리기 위해서는 주어진 공부 시간에 계획한 학습량을 모두 실행하려는 자세가 필요하다. 문제풀이까지 해결하여 모르는 부분을 알고 넘어가는 것이 바로 최선을 다하는 자세다. 이런 올바른 습관이 자리 잡아야 성적이 향상된다.

시끄러운 분위기나 산만한 환경에서 공부할 경우에는 집중력이 떨어진다. 이럴 때는 집중력이 요구되는 과목보다는 독서나 어휘같이 가벼운 학습을 하는 것이 좋다.

수학이나 과학 과목은 절대적으로 집중력이 요구된다. 이 두 과목은 집중력과 사고 능력을 함께 요구하므로 개념을 이해하고 사고하는 시간이 필요하다. 이 시간에 집중력을 발휘해야 하는 이유이다.

CHAMP 학습법 ①
- 이해 -

공부를 열심히 하는데 성적이 오르지 않아 고민인 학생들이 있다면, 자신의 공부 흐름을 점검할 필요가 있다. 공부도 단계가 있다. 특히, 성실하다고 인정받고 있으나 학년이 올라갈수록 성적이 떨어지는 학생들을 보면 단순 암기에 의존해서 공부하는 경우가 많다.

이해란 크게 봤을 때 삶을 받아들이는 방식이다

공부를 하는 것도, 삶을 사는 것도 똑같다. 인간관계를 맺든 일을 하든 우선은 파악을 해야 한다. 사람에 대해 이해해야 하고 일에 대해 이해해야 한다. 대상이 다를 뿐 모든 것의 시작은 이해를 하는 데서 비롯된다.

이해가 되어야 '왜?'라는 질문을 던질 수 있고 더 깊은 사고를 할 수 있다. 무작정 암기하는 공부에서 벗어나 이해하는 공부를 어떻게 시작할 것인가. 공부를 잘하고 싶다면 공부의 '이해' 단계부터 시작하자.

암기보다 선행되어야 할 '이해'

학생들이 공부할 때 흔히 하는 실수가 무작정 암기를 하고 문제를 푸는 것이다. 수학을 예로 들어 보자. 공식을 암기하고 문제를 풀면 교과서의 기초적인 문제들, 대표적인 수학 문제집인 『쎈』수학의 A 단계나 B 단계의 대표유형 정도는 손쉽게 풀린다. 그런데, B 단계의 '상' 문제나 C 단계부터는 상황이 달라진다.

문제가 풀리지 않을 경우, 우리는 답지의 해설을 보게 된다. 그런데 문제는 답지를 보면서도 발생한다. 답지를 보고 이해가 되어야 하는데, 답지의 해설을 보고도 이해가 되지 않는 것이다. 해설을 보고도 이해가 되지 않는다면 어떻게 해야 할까? 선생님에게 질문하거나 책을 다시 보게 될 것이다.

그런데 시험이 임박한 시험 기간이라면 어떻게 해야 할까? 질문할 거리는 너무 많고 시간은 촉박하다면, 아마 우리는 수학을 포기하고 다른 과목 점수를 올리는 데 집중하게 될 것이다. 이렇게 수포자(수학포기자)는 늘어나게 된다.

수학뿐만 아니라 모든 과목이 똑같다. 시험이 일주일 앞으로 다가와 다급하게 역사 교과서를 편다. 한 문장 안에서 모르는 단어가 2~3개씩 나온다. 한 페이지에 모르는 단어가 수두룩하다. 사전으로, 컴퓨터로 모르는 단어와 용어들을 찾다가 시간이 다 간다. 마음은 급한데 찾아야 할 단어는 많으니, 이해하지 않고 무작정 외우게 된다.

국사 교과서에 진대법(賑貸法)이라는 용어가 있다. 진대법은 춘궁기에 국가가 농민에게 양곡(糧穀)을 대여해 주고 수확기에 갚게 한 전·근대 시대의 구휼제도(救恤制度)인데, 진(賑)은 '구휼하다'는 뜻이고, 대(貸)는 '빌린다'는 뜻이다. 단어의 뜻만 알아도 구휼을 위해 빌려주는 제도라고 쉽게 이해할 수 있다. 그런데 진대법, 진대법, 진대법이라고 단어만 외우다 보면, 답안지에는 대진법인지, 지대법인지, 진대법인지 몰라 엉뚱한 답을 쓰기도 하는 것이다.

1회독 때는 무조건 이해 위주로 공부해야 한다

학생에 따라서 시험공부 기간이 다르겠지만, 공부할 때는 무조건 이해가 선행되어야 한다. 이해가 되지 않은 채 공부를 하다 보면 시간이 지날수록 이해 안 되는 내용이 쌓이면서 공부가 어렵게 느껴지고 뒤죽박죽되어, 결국에 좋은 결과를 얻지 못하게 된다. 이해라는 문이 열리지 않으면 사고, 정리, 암기까지 확장의 한계가 있다.

우리가 시험 전까지 교과서를 총 3번 보기로 계획을 세웠다면, 1회독은 이해, 2회독은 정리, 3회독은 암기 순으로 공부하는 것이 바람직하다. 1회독 때는 암기에 집중할 필요가 없다. 우리가 공부를 체계적이고 효율적으로 하기 위해서는 '이해' 시간을 반드시 확보하고 운영해야 함을 명심하자.

공부를 하는 데 있어서 이해란 무엇인가

그렇다면, 구체적으로 '이해'는 어떤 활동을 의미할까? 과목별로 '이해'란 무엇인지 살펴보자.

표 4-1 과목별 이해의 정의(출처: 에듀플렉스 교육개발연구소)

과목	이해의 정의
국어	글의 갈래와 그에 따른 특징을 파악하고, 용어와 어휘의 뜻을 파악한다.
수학	용어의 정의와 기호의 뜻을 파악하고, 이들을 사용해서 익숙해지도록 한다.
영어	영어 단어의 뜻을 파악하고, 문법을 이해한다.
과학탐구	용어의 뜻과 기본 개념을 파악하고, 공식이나 실험은 무엇이 있는지 파악한다.
사회탐구	용어의 뜻을 파악하여 용어가 사용된 사례를 만들고, 기본 개념을 파악한다.

어떤 과목이든 공부의 기본은 어휘의 뜻을 이해하는 것이다. 국어사전과 영어사전이 공부의 기본 중의 기본인 이유다. 한국어든, 영어든 모르는 단어가 나오면 뜻을 찾아보는 습관을 길러보도록 하자.

국어 공부의 출발점은 글의 갈래를 이해하는 것이다. 문학인지, 비문학인지, 문학 중에서도 시인지, 소설인지, 시 중에서도 고전 시인지 현대 시인지 등 국어는 갈래가 광범위하다.

갈래별 특징을 알아야 공부가 수월해진다. 〈시〉라는 갈래의 특징, 이를테면 운율이 있고 시적 화자가 있으며, 심상이 있고 시상전개가 있다는 것을 알게 되면, 교과서에 있는 시를 공부할 때 이런 특징에 맞추어 공부하게 된다. 갈래에 대한 특징을 인지하는 것은 '이해'의 다음 단계인 '사고'까지도 영향을 주게 된다.

수학 공부의 '이해'는 용어의 정의와 기호의 뜻을 아는 것이다. 수학은 약속이다. 각 용어나 기호가 뜻하는 바를 미리 이해하고 숙지하지 못하면 계산이 엉뚱하게 흘러갈 수밖에 없다. 여러분이 더하기(+) 기호 앞에서 빼기(-)를 하고 있을 모습이 상상이 가는가?

영어 공부는 단어의 뜻을 파악하고 문법을 이해하는 것이 '이해' 단계에 해당한다. 영어는 단어가 중요하지만, 문법 기초가 없으면 복잡한 문장의 경우 해석이 힘들어진다. 문법을 이해한다는 것은 상당한 시간을 필요로 한다.

평생을 살아가면서 영어 문법을 완벽하게 자신의 것으로 만드는 사람이 몇 명이나 될까? 모든 문법 지식을 내 것으로 만들 수 있으면 좋겠지만, 그런 노력은 자칫 영어 공부에 대한 피로도를 높일 수 있다. 모든 문법을 암기하는 것보다 문법서를 발췌할 수 있을 정도로 이해하는 데 우선 초점을 두는 것이 좋겠다.

과학탐구를 공부할 때 '이해'는 용어나 개념의 이해 외에도 실험에 대한 이해가 포함된다. 과학은 실험이 중요한 부분을 차지한다. 단순히 텍스트를 외우는 과목이 아니라 실험을 통해서 증명하는 과목임을 이해해야 한다. 실험을 이해하기 위해서는 도구의 이름이나 역할 등을 알아야 하고, 실험 과정에 대한 흐름을 이해해야 한다.

사회탐구 공부를 할 때는 '그지도사'에 대한 이해가 필요하다. 그지도사는 그림, 지도, 도표, 사진을 줄인 말로, 빈번하게 등장하는 그지도사를 이해하는 것이 사회탐구 공부의 출발점이다.

이해를 점검하는 방법

이해를 점검할 때는 교과서나 참고서를 펴놓은 상태에서 학생이 스스로 설명하도록 시켜보는 것이 좋다. 학생이 설명하는 모습을 보면, 이 학생이 교과서를 그대로 읊고 있는지 혹은 이해한 후 설명을 하고 있는지 가늠할 수 있다.

이해를 점검할 수 있는 다른 방법은 용어 노트를 만들도록 지도하는 것이다. 공부하면서 사전을 찾아보며 새로운 어휘들을 정리하다 보면 자연스럽게 어휘들이 자신의 것이 되고, 사전을 찾아보는 습관도 기를 수 있다.

학생의 이해 상태를 점검할 때 범하는 오류 중 하나는 학생의 암기 상태를 점검하는 것이다. 학생에게 분명 이해를 강조해 놓고 학생이 공부를 마치고 나면, 책을 덮고 읊어 보게 하는 것이다. 이것은 이해가 아닌 암기를 점검하는 꼴이다. 이런 패턴이 지속되면 학생은 또다시 이해 학습을 내려놓고 암기 학습에 집중하게 된다.

CHAMP 학습법 ②
- 사고 -

공부를 함에 있어서 '이해' 과정이 끝나고 나면 '사고' 과정으로 넘어간다. 공부단계에서 사고란 무엇일까? 왜 굳이 이해와 사고를 구분하는 걸까?

이해와 사고의 차이

'이해'는 모르는 용어나 어려운 어휘를 찾는 것부터 과학영역의 실험이나 그래프, 사회영역의 그지도사(그림, 지도, 도표, 사진)를 이해하는 것까지를 포함한다. 그렇다면, 한 걸음 더 나아가 사고를 한다는 건 무엇을 의미할까?

'사고'의 핵심은 '왜(Why)'라는 물음이다. '사고'는 수학 공식이 정말로 맞는지 증명하는 과정, 시에 어떤 표현법이 쓰였는지 유추하는 과정 등 사전적으로 이해한 내용이 정말로 맞는지를 '왜'라는 물음을 가지고 확인하는 과정이다.

'이해'가 공부의 시작이자 첫 단추라면, '사고'는 성적이 오르는 필수 코스이자 지름길이라고 할 수 있다. 사고는 하면 할수록 공부에 깊이가 생긴다. 사고를 얼마만큼 하느냐에 따라 성적의 높고 낮음이 결정된다. 특히, 수학은 공부할 때 '사고'하는 과정이 필수적이며 공부의 대부분을 차지한다.

과목별 사고하는 방법

표 4-2 과목별 사고의 정의(출처: 에듀플렉스 교육개발연구소)

과목	사고의 정의
국어	글의 주제와 단락별 중심 내용을 찾으며 지문의 세부적 특징 및 표현 방법 등 내용을 분석한다.
수학	성질이나 법칙, 정리를 증명하고 공식을 스스로 유도해 본다.
영어	끊어 읽기와 직독직해를 활용하여 구문 하나하나를 꼼꼼히 분석한다.
과학탐구	현상의 원인과 결과에 대해 파악하고 학습 목표, 그림, 그래프, 실험, 공식을 본문과 연관지어 해석한다.
사회탐구	사회현상과 원인에 대해 파악한다. 학습 목표, 그림, 도표, 지도를 본문과 연관해서 학습한다.

소위 '양치기'라는 공부방법이 있다. 공부를 잘하기 위해 많은 양의 문제를 푼다는 뜻인데, 양치기와 대척점에 있는 말이 '사고'이다. 성적은 무턱대고 문제만 많이 푼다고 올라가지 않는다. 문제를 적게 푸는 것보다 많이 푸는 게 좋겠지만, 사고 과정 없이 푸는 문제는 수박 겉 핥기와 같은 공부가 된다.

'사고'하는 과정은 집을 지을 때 기초를 튼튼히 하는 것과 같다. 문제라는 성을 쌓더라도 무너지지 않게 튼튼히 받쳐주는 것은 '사고'에 투자한 시간과 비례한다. 평소 공부를 할 때, '사고'를 충실하게 한 학생은 시험에서 빛을 발한다. 복잡한 문제가 나와도 단계를 생각하며 하나씩 풀어가는 '사고' 과정을 습관화한 학생은 어려운 문제를 마주하고도 당황하지 않는다. 차분히 생각하며 문제를 풀어 간다.

사고력을 키우는 방법

국어 사고력을 키우기 위해서는 우선 자습서를 멀리해야 한다. 자습서는 친절하게 내용을 요약해 주고 문단의 주제를 말해 준다. 문학 작품을 분석해 놓고 표현법을 알려 준다. 1회독 때부터 자습서를 공부하게 되면, 사고를 하기도 전에 사고해야 할 내용을 미리 접하게 된다.

모든 설명이 다 적혀 있는 자습서를 가지고 공부하면, 이해나 암기 공부는 수월할지 몰라도 사고할 시간은 없어진다. 사고하는 연습을 못 하게 되면, 항상 봤던 지문, 외웠던 작품에 대해서는 답을 할 수 있을지 몰라도, 새로운 작품을 봤을 때 분석하는 힘은 약해질 수밖에 없다.

따라서 국어 공부는 기본적인 개념들을 익힌 후, 교과서를 가지고 공부를 시작하는 것이 좋다. 깨끗한 교과서를 보면서 문단의 내용을 요약해 보고 주제를 찾아본다.

시에 사용된 표현법이나 시상의 전개를 스스로 생각해 보고 정리해 본다. 이런 과정을 충분히 거친 후에 자습서는 자신의 사고 과정이 맞았는지 확인하는 용도로 사용하는 것이 '사고력' 확장에 도움이 되는 방향이라고 할 수 있다.

수학 공부를 할 때, 문제를 풀고 틀리면 곧바로 답지의 해설을 보는 학생들이 있는데, 그런 습관은 지양하는 것이 좋다. 문제를 틀렸을 때 곧바로 해설을 보면, 그 순간은 이해가 가능할지는 몰라도 근본적으로 수학 능력이 늘어나지는 않는다.

수학 문제를 푸는 데 있어서 가장 중요한 단계는 문제풀이에 대한 설계를 하는 과정이다. 문제를 보면서 주어진 조건을 이해한 후, 그 조건들과 공식을 이용해서 어떤 흐름으로 풀어야겠다는 설계를 하면 식을 세우고 풀이를 써 내려가는 것은 시간과의 싸움이 된다.

많은 학생이 문제풀이를 할 때 힌트를 얻으면 그 힌트에 대해 고민은 하지 않고 힌트를 가지고 문제를 푸는 데 급급해 한다. 문제를 풀어서 맞추는 것도 중요하지만, 우리에게 필요한 것은 더하기, 빼기와 같은 단순한 연산 능력이 아니다.

튜터(선생님)가 던진 힌트가 왜 이 대목에서 필요한지, 튜터는 왜 그런 힌트를 던졌는지를 궁극적으로 생각하는 연습을 해야 실전에서 우리 스스로가 튜터가 던진 힌트와 같은 공식이나 개념을 스스로에게 던질 수 있게 된다.

영어는 '단어 암기가 8할이다'라는 말이 있을 정도로 단어 암기가 중요한 과목이지만, 일단 단어 암기가 완성되고 나면, 문단과 문장을 분석하는 능력이 중요해진다. 대부분의 중위권 학생들은 단어를 몰라 틀리는 경우가 많으므로 단어 공부에 주력해야 하지만, 일단 단어 공부가 끝나고 나면 대부분의 영어 공부 시간을 문장에 쏟게 된다. 영어 과목에 있어서 '사고' 과정은 문장의 S(주어), V(동사), O(목적어), C(보어)를 구분하는 것을 시작으로, 문장 속 수식 관계나 표현법을 통해 끊어 읽기를 하면서 해석을 정확하게 해내는 것이 핵심이다.

CHAMP 학습법 ③
- 정리 -

'이해'와 '사고' 단계를 충분히 거쳤다면 '정리'를 해야 한다. 공부 내용을 나만의 언어로 정리하는 것은 본인이 내용을 제대로 이해했는지를 가려내는 데 용이하다. 공부한 내용을 정리하는 방법에는 어떤 것들이 있을까?

에듀플렉스 이호진 학생의 이미지 정리법

KBS 〈과학카페〉 '기억 고수들의 3가지 습관' 편에 출연한 에듀플렉스 이호진 학생은 '이미지 정리법'으로 성적을 급상승시킨 바 있다. 이미지 정리법이란 암기가 필요한 과목(역사, 지리 등)을 만화처럼 이미지화시켜 정리하는 방법이다.

그림 4-2 이호진 학생의 이미지 정리법 관련 내용 1(출처: KBS 〈과학카페〉 - '기억 고수들의 3가지 습관' 편)

이호진 학생의 이미지 정리법 관련 내용 2(출처: KBS 〈과학카페〉 - '기억 고수들의 3가지 습관' 편)

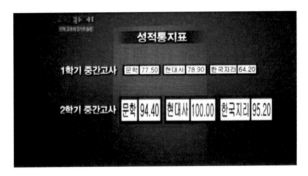

그림 4-4 이호진 학생의 이미지 정리법 관련 내용 3(출처: KBS 〈과학카페〉 - '기억 고수들의 3가지 습관' 편)

이호진 학생의 성적표를 살펴보면, 문학은 77.5점이 94.4점으로, 현대사는 78.9점에서 100점으로, 한국지리는 64.2점이 95.2점으로 상승한 것을 알 수 있다. 이렇게 성적이 급상승하게 된 이유는 무엇일까?

그림 4-5 이호진 학생의 이미지 정리법 관련 인터뷰 1(출처: KBS 〈과학카페〉 - '기억 고수들의 3가지 습관' 편)

그림 4-6 이호진 학생의 이미지 정리법 관련 인터뷰 2(출처: KBS 〈과학카페〉 - '기억 고수들의 3가지 습관' 편)

이호진 학생은 인터뷰에서 "제가 직접 정리도 하고 그림도 그려보면서 이미지로 기억하니까 조금 더 뚜렷하게 남아서, 시험 볼 때나 시험문제를 고민하게 될 때 이미지로 남아 있으니까 그걸 기억하게 되는 것 같다."고 대답했다.

토니 부잔의 마인드맵

마인드맵은 1971년 영국의 토니 부잔(Tony Buzan, 1942년~)에 의해 창시된 이래로 지금까지 세계적인 두뇌 관련 석학들로부터 수많은 경외와 찬사를 받아온 학습 이론이다.

엄청난 정보량을 기계적으로 암기해왔던 기존의 학습 방법과 달리 어떤 지역의 약도를 종이에 그리는 것처럼 정보를 종이에 지도를 그리듯이 정리해나가는 방법이다. 좀 더 자세히 표현하자면 마인드 맵은 이미지와 키워드(Keyword), 색과 부호 등을 사용하여 좌·우뇌의 기능을 유기적으로 연결한다. 그리고 이를 바탕으로 두뇌의 기능을 최대한 발휘하도록 해주는 '사고력 중심의 두뇌계발 프로그램'으로 21세기 지식 정보화 사회에 가장 적합한 학습법이다. 〈부잔센터코리아㈜〉 홈페이지를 살펴보면 마인드맵의 구조와 작성방법에 대하여 상세히 기술되어 있다.

마인드맵 구조와 작성 방법

1. 종이는 가로로 놓고 사용한다.
2. 생각의 핵심이 되는 중심내용 즉, 주제는 항상 중심이미지에서 시작한다.
3. 중심이미지에 연결되는 주 가지는 나뭇가지의 가지처럼 굵게 시작하여 가늘게 뻗어간다.
4. 주 가지에서의 연결은 가늘게 핵심이미지와 핵심어를 통해 연결해나간다.
5. 이어지는 가지들도 나뭇가지의 마디처럼 서로 연결되는 구조로 연결해나간다.

그림 4-7 마인드맵 예시

CHAMP 학습법 ④
- 암기 -

공부의 단계 중 이해-사고-정리가 끝났다면, 이제 암기를 해야 한다. 암기는 무엇을 암기해야 하는가에 대한 대답(What to memorize)와 어떻게 암기해야 하는가에 대한 대답(How to memorize)로 나뉜다.

What to Memorize - 무엇을 암기할 것인가

우리는 앞서 메타인지 학습법을 공부했다[3장 참고]. 공부를 할 때 무엇을 암기해야 하는지 이야기하기에 앞서, 메타인지 학습법에서 다루었던 다음의 질문을 다시 한번 상기시켜 보자.

> Q. 성적이 올라가는 방법은 다음 중 몇 번인가?
> 1) 아는 것을 반복 공부한다.
> 2) 모르는 것을 보충 공부한다.

이 문제의 정답이 2번이라고 우리는 배우고 익혔다. 성적이 올라가기 위해서는 아는 부분을 반복 암기하기보다는 모르고 있는 부분을 찾아내어 암기하는 것이 중요하다. 우리 스스로가 무엇을 알고 있고 무엇을 모르고 있는지 구분하는 능력을 메타인지라고 하는데, 메타인지가 발달한 학생일수록 성적이 좋다는 연구 결과가 있다.

무엇을 암기해야 하는가에 대한 대답은 명확해졌다. 우리가 모르고 있던 부분을 암기해야 한다. 중요한 것은 우리 스스로가 무엇을 알고 있고 무엇을 모르고 있는지 모르고 있다는 것인데, 우리가 스스로 무엇을 모르는지 아는 방법은 3장의 '메타인지 학습법' 부분을 참고하도록 한다.

How to Memorize - 어떻게 암기할 것인가

공부의 단계인 이해-사고-정리가 끝났다면 이제 암기할 일이 남았다. 학교 시험은 오픈북 시험이 아니므로, 내용을 아무리 잘 이해하고 정리했더라도 암기하지 않으면 학교 시험에서 고득점을 받기가 힘들다. 공부한 내용을 효율적으로 암기하는 방법에는 어떤 것이 있을까?

① 효율적으로 암기하기 - 목차 암기법

공부한 내용을 암기할 때 효율적인 방법 중 하나는 목차를 암기하는 것이다. 목차를 외우는 것은 머릿속에 주제별로 작은 방을 만들어 주는 것과 같다. 목차가 다 외워지면, 주제별로 다시 소제목을 외우고, 소제목별로 내용을 저장하는 연습을 한다.

목차 암기법의 장점은 시험 범위에 해당하는 모든 단원을 빠짐없이 외울 수 있다는 것이다. 공부를 열심히 하는데 성적이 안 나오는 학생들의 특징 중 하나가 공부를 열심히 하는 것에 비해 빼먹고 공부한 단원이 많다는 것인데, 목차 암기법은 그런 염려를 덜어 준다.

② 효율적으로 암기하기 - 학습 목표 암기법

시험 대비 공부를 할 때, 우리가 가장 주목해야 할 내용은 무엇일까? 책의 내용을 100% 암기하면 시험을 보러 가서 대부분의 문제를 맞출 수 있겠지만, 수백 쪽에 달하는 모든 내용을 암기하고 시험을 보러 가는 것은 사실상 불가능하다.

암기가 약해서 고민이거나 무엇부터 암기해야 할지를 모르는 학생은 우선 학습 목표부터 외우고 그에 해당하는 답을 암기하도록 한다. 교과서든 문제집이든 책을 유심히 살펴보면 어떤 책이든 단원 아래에 학습 목표가 적혀 있다.

학습 목표는 그 단원에서 가장 핵심이 되고 기본이 되는 내용을 묻고 있다. 우선은 학습 목표의 내용부터 암기하자. 학습 목표에 대한 내용이 암기되면, 그다음부터는 학습 목표에서 익힌 내용을 중심으로 자연스럽게 공부가 이어진다.

학습 목표에 나온 내용이 그 단원에서 가장 중요한 핵심 내용이며, 학습 목표 내용만 우선 암기해도 다음 공부를 진행할 때 공부가 훨씬 수월해짐을 명심하자.

③ 효율적으로 암기하기 - 선 이해 후 암기법

'선 이해 후 암기'에서 선은 무엇을 뜻하는가? 아름다울 선(善)인가,

먼저 선(先)인가? 후는 기후 후(候)인가, 뒤 후(後)인가? 우리가 공부하다 보면 한자어를 한글로 바꾸어 표현한 글들을 접하게 되는데, 이런 글들은 반드시 이해를 먼저 하고 암기를 해야 한다.

공부하면서 겪는 흔한 실수 사례

「독립신문」의 창간과 <독립협회>의 설립인데, 창간과 설립의 뜻을 모르니까, 「독립신문」은 설립되고 <독립협회>는 창간된다. 아니면 의식적으로 어려운 문장을 피하게 되어, 「독립신문」의 창간에 대한 내용은 완전히 건너뛰어 버리고, 머릿속에 <독립협회>만 넣어서 온다.

위의 예처럼, 우리가 창간의 뜻과 설립의 뜻을 찾아보고 이해하지 않으면, 독립신문은 설립되고 독립협회는 창간되는 것이다. 그러니 아무리 시간이 없더라도 반드시 이해를 먼저하고 암기하는 습관을 들여야 한다.

시간이 없다고 무턱대고 암기하는 것은 시간만 낭비할 뿐 시험에 그다지 도움을 주지 못한다. 효율적인 암기법은 '선 이해 후 암기'임을 반드시 기억하길 바란다.

CHAMP 학습법 ⑤
- 문제풀이 -

일반적으로 문제집을 푸는 이유

문제집을 왜 푸는 것일까? 문제집 풀이의 이유를 물으면 여러 가지 답이 나온다. "시험대비 때 당연히 푸는 거 아니에요?" "엄마가 풀라고 해서요." "몇 개 맞았는지 보려고요." "문제집 풀이 말고는 마땅히 시험공부 할 것도 없잖아요."

부모 입장에서도 막상 문제집을 사주면서도 정작 문제집 활용에 관해서는 지도하지 않는 경우가 있다. 우리는 이런 고민을 해봐야 한다.

'왜 같은 문제집을 푸는데, 저 아이는 1등급을 받고 이 아이는 5등급을 받을까?'

이런 고민은 흡사 학원에 대한 고민과도 같다. 같은 학원에 다니는데 저 아이는 100점이고 왜 우리 아이는 70점일까? 서툰 목수가 연장을 탓한다 했다. 우리가 고민할 부분은 어떤 문제집을 선택하느냐도 중요하지만, 선택한 문제집을 어떻게 활용하느냐가 더 중요하다고 할 수 있다.

그렇다면, 왜 우리는 문제집을 푸는 것일까?

이 부분이 명확히 되어야 아이들이 공부할 때도 명확한 목적으로 공부에 임하게 된다. 문제집 풀이는 아이의 부족한 메타인지를 메워 줄 수 있는 가장 좋은 수단이다. 아이가 어떤 단원을 이해하고 암기 했는지 구분하기가 어렵기 때문에 문제집 풀이는 친절하게 아이에게 부족한 부분을 알려준다. 그렇다면 어떻게 공부를 하면 되겠는가?

문제집 200% 활용하기

이론은 쉬우나 실전은 어렵다. 어떤 이유에서인지 아이들은 틀린 문제도 맞다고 동그라미를 치고 틀린 문제보다 맞힌 문제에 집중한 다. 찍어서 맞은 문제도 동그라미를 치고는 오답 정리를 하지 않는 다. "10개 중에 8개나 맞았어요." "이 문제는 실수로 틀렸어요." "찍어 서 맞은 것도 맞은 거니까 오답 정리를 안 했죠."

많은 아이가 문제집 풀이의 목적을 알지 못한다. 오늘 한번 집에서 간단한 조사를 해보시라. 얼마나 많은 아이가 문제집 풀이의 목적을 "자신이 알고 있는 것과 모르는 것을 구분한 후 모르는 부분을 보충 공부하기 위해서 푸는 것이다."라고 대답을 하는지.

많이 틀려도 오답 정리를 제대로 하면, 학교 시험에서 틀리지 않는다

따라서 문제집 200% 활용하기 첫 번째 단계는 우리 아이가 문제집 풀이의 목적을 온전히 이해하는 것에서 시작한다. 아이들이 문제집 풀이의 목적을 온전히 이해하기 위해서는 우선 부모가 문제집 풀이의 목적을 이해해야 한다. 부모는 문제집 풀이의 목적을 아이에게 올바르게 전달하고 교육해야 한다. 아이들이 문제집 풀이를 할 때 '당연히 틀려도 되는구나.' '많이 틀려도 오답 정리를 제대로 하면, 학교 시험에서 틀리지 않는구나.'를 인식하게 되면 정직하게 공부하고 정직하게 채점을 하게 된다.

아이들이 푼 문제집을 부모가 채점을 해주어도 된다. 여기서 중요한 것은 몇 개를 맞아서 칭찬하고 몇 개를 틀려서 혼을 내는 것이 아니라, 아이가 틀린 문제에 대해서 왜 틀렸는지 생각하고 다음에는 맞출 수 있도록 안내해 주는 것이 중요하다.

한발 더 나아가 틀린 문제에 대해서는 숨은그림찾기에서 정답을 찾거나 낚시에서 물고기를 낚듯이 "틀린 문제가 나와서 다행이다. 이 문제를 보충하고 가면 학교 시험에서 틀리지 않겠네?"라며 부모가 아이에게 긍정의 메시지를 준다면, 아이는 더 이상 문제집에서 틀리는 것에 대해 불안감이나 스트레스를 받지 않을 것이다.

하나의 문제집을 한 번 풀어서는 절대 자신의 것으로 만들 수 없다

문제집 200% 활용하기 두 번째 단계는 하나의 문제집을 적어도 2~3번씩 풀어보는 것이다. 절대 하나의 문제집을 한 번만 풀어본다면 문제집에 나오는 내용을 100% 자기 것으로 만들 수 없다. 아이의 컨디션에 따라서 1회독할 때는 맞았는데 2회독 할 때는 틀리는 문제가 나오고, 1회독할 때는 틀렸지만 오답 정리를 꼼꼼히 한 결과 2회독 때는 맞추는 문제가 나오기도 한다.

한 문제집을 여러 번 보기 위해서는 책에 문제풀이를 적지 않는 연습이 필요하다. 문제를 풀 때는 연습장에 풀고 문제집에는 채점에 대한 OX 표시만 한다. 그렇게 한 문제집을 2~3번 풀다 보면 적어도 1권의 문제집은 완벽하게 자신의 것이 된다.

1회독 때는 '개념→예제→연습문제의 홀수 번 문제'까지만 풀고, 2회독 때는 개념을 복습하고 '1회독 때 틀린 예제→1회독 때 틀린 연습문제→나머지 짝수 번 연습문제' 순으로 문제를 푼다. 또한, 문제를 풀면서 이해가 안 되고 막히는 단원의 경우 개념 학습부터 다시 해야 한다. 한 교재에서 위의 과정을 따라 모르는 문제가 없을 때까지 추가로 반복한다면 문제집의 모든 문제가 나의 것이 되는 일을 경험하게 될 것이다.

문제집은 잘 푸는데 시험 문제는 긴장해서 못 푸는 아이들이 있다

문제집 200% 활용하기 세 번째 단계는 실제 시험처럼 문제를 풀어보는 것이다. 이 방법은 공부가 충분히 되었다고 생각되는 시점에서 학교 시험에 대한 긴장을 풀어주는 데 도움이 된다.

특히 평소에는 수학 문제를 잘 푸는데, 학교 시험에서 시간이 부족하다고 호소하는 아이들에게 특효약이다. 우선 식탁이든 학생의 책상이든 장소를 정한다. 부모님은 시험 감독관이 되어 시험 시작부터 시험이 끝나는 45~50분을 아이와 함께한다.

모의시험을 보는 중간에는 일체의 대화도 없고 화장실도 가지 않는다. 물도 먹어서는 안 된다. 모의시험은 꼭 50분이 아니어도 된다. 5문제, 10문제를 가지고 10분, 20분을 배정해서 미니테스트 형식으로 시간을 운용해도 좋다.

학년이 낮을수록 문제집 풀이에 대한 바른 인식을 가지는 것이 중요하다. 우리 아이들이 언제부터 왜 맞는 개수에 집착하게 되었는지 모르겠으나, 지금부터라도 문제집 풀이의 목적을 바르게 인식하고 제대로 활용하는 순간 성적은 올라가게 된다.

똑같은 시간을 투자하고도 공부의 효율이 올라간다면 그 방법을 마다할 아이가 있겠는가.

인적 환경의 중요성

"친구 따라 강남 간다."는 말이 있다. 친구의 소중함을 이야기하는 것이다. 공부하는 데 있어서 친구나 선생님, 부모님 등 학생의 인간관계는 많은 영향을 준다. 인적 환경은 학생이 공부하는 데 있어 영향을 주고받는 주변 사람들과의 관계를 말한다. 공부에 영향을 주는 대표적인 인적 환경으로는 부모의 정서적 지지, 부모의 학습 개입 정도, 친구 학습 태도, 교사 호감도 등이 있다.

부모의 정서적 지지

부모님이 어떤 역할을 하느냐에 따라 학생은 영향을 받는다. 부모가 주는 긍정적인 피드백과 동기부여는 공부하는 학생에게 좋은 영양제이자 에너지원이다. 학생이 성인으로 완전히 자립하기 전까지는 부모의 영향 아래 성장을 하게 된다.

공부하는 데 있어서 부모는 심리적 지지대가 되어야 한다. 성적은 올라갈 때도 있고 내려갈 때도 있다. 올라갈 때는 부모 입장에서도 걱정이 되지 않는다. 칭찬을 한다. 문제는 내려갈 때이다. 성적이 내려갔을 때, 가장 고민하는 사람은 당사자인 학생이다. 의기소침한 자녀를 위해 부모는 어떤 역할을 해야 할까? 걱정하는 부모님을 보면 자녀는 더 걱정될 것이다. 심리적으로 더 압박을 받게 된다. 부모님에게 기댈 곳이 없다고 판단하게 되면, 자녀는 다른 곳에 의지하게 된다. 때로는 그것이 일탈로 나타나기도 한다.

부모의 학습 개입 정도

부모의 학습 개입 정도가 높을 경우 통상 학생이 스트레스를 받을 것 같지만, 스트레스를 받는 학생이 있고 받지 않는 학생이 있다. 부모와 정서적 유대감이 높은 학생은 부모의 학습 개입이 높아도 상대적으로 스트레스를 덜 받는 경향이 있다. 학생의 스트레스 정도와는 별개로 학생의 자기주도학습을 위해서는 부모의 학습 개입은 적당히 유지하는 것이 좋다.

부모는 플레이어가 되기보다 코치가 되어야 한다. 부모님은 자녀의 공부를, 자녀의 성공을 언제까지 뒷바라지할 수 있을까. 자녀가 자신의 삶을 주도적으로 살아가도록 도와주는 길은 음식을 만들어 떠먹여 주는 것이 아니라, 자녀가 스스로 음식을 만들어 먹을 수 있도록 코치하는 것이다. 코치는 자신의 기준으로 상대를 보지 않는다. 코치는 상대방의 기준으로 세상을 바라본다. 자녀가 진정으로 원하는 삶은 무엇이며, 원하는 공부 목표, 학과, 대학은 무엇일까. 시각의 변화, 관점의 전환이 코치로서 부모님의 첫걸음이다.

친구의 학습 태도

하루 24시간 중 학생에게 가장 많은 영향을 주는 사람은 누구일까? 하루 중 가장 많은 시간을 보낸 곳을 떠올려 보면 답이 나온다. 학생의 주생활 공간은 학교다. 학교에서 학생에게 가장 많은 영향을 주는 사람은 친구이다.

주변 친구들이 진로, 진학, 성적 등 공부에 관심이 많으면, 학생 본인도 긍정적 영향을 받는다. 친구들이 학업성적에 관심이 적으면, 시험 기간에도 피시방을 가거나 운동을 하러 가는 등 학습에 방해를 받게 된다. 이런 요인을 검사를 통해 미리 알 수 있다면, 우리는 학생의 학습 태도를 예측할 수 있다.

교사 호감도

학생들과 상담을 하다 보면 재밌는 현상을 발견한다. 학생들이 선호하는 과목에 대해서 왜 그 과목을 선호하게 되었냐고 물어보면, 의외로 과목에 대한 호기심이나 애착보다는 그 과목을 가르친 선생님이 좋아서 특정 과목을 좋아하게 되었다는 대답을 듣곤 한다. 교과목별로 선생님이 정해지면 최소 1년은 함께한다. 선생님과 관계가 좋은 과목은 성적을 잘 받아 오는데, 선생님과 관계가 나쁜 과목은 성적이 저조한 학생들이 있다. 교사 호감도에 있어서 호불호가 생긴 것이다.

가급적 선생님과는 좋은 관계를 유지하는 것이 좋다. 일단 수업에 대한 스트레스가 덜하다. 1년 동안 함께 해야 할 선생님과 관계가 좋지 않다면, 수업마다 얼마나 스트레스일까. 선생님과 관계가 좋으면 수업 후 모르는 내용에 대한 질문, 시험 채점에 대한 정정 요구 등 다소 껄끄러운 문제들도 부담감을 덜 가지고 처리할 수 있는 장점이 있다. 이런저런 이유를 떠나서 선생님은 학생의 스승이다. 스승과 제자 사이에는 항상 존경과 신뢰가 뒷받침되어야 한다.

부모 입장에서는 학생의 교사 호감도를 눈여겨볼 필요가 있다. 선생님과 관계가 좋지 않은 과목은 어디선가 구멍이 나기 마련이다. 관계라는 것은 항상 일방적인 것이 없다. 선생님이 다소 딱딱하더라도, 열심히 공부하고 질문하는 학생을 마다할 선생님은 없다는 것을 명심하자.

★ 이번 장을 읽으면서 느낀 점은 무엇이 있나요?

★ 이번 장을 읽은 후 실천할 점을 정리해 봅시다.

5장
::
STAR - REVIEW POSITIVELY
공부를 긍정적으로 되돌아보라

"반성하지 않는 삶은 살 가치가 없다."

소크라테스
Socrates

자기성찰이 중요한 이유

　누구나 꿈과 목표를 위해 계획을 세우고 실천을 하지만, 언제나 성공을 하는 것은 아니다. 대부분은 완전한 성공보다는 다소 미흡한 결과를 얻게 된다. 이때, 보다 중요한 점은 자기성찰을 통해 '결과를 객관적으로 받아들이고 발전의 기회로 활용하려는 태도를 갖추고 있는가이다. 마무리를 잘해야 새로운 목표와 계획이 생기고 새로운 시작을 할 수 있기 때문이다.

　시험이 끝나면 학생들은 여러 가지 분석을 한다. "어떤 문제집에서 출제가 되었다." "어느 학원 다닌 애들이 성적이 다 올랐대." 등 분명치 않은 소문이 돌고, "이제부터 열심히 할래요." "수업시간에 잘 들을 거야."라며 다짐을 한다.

　하지만 이런 수준의 태도로는 앞으로의 발전을 기대할 순 없다. 결과를 분석하고 반성하는 것에도 구체적인 방법과 절차가 필요하다. 제대로 분석해야 행동을 바꿀 수 있고 그래야 결과가 바뀐다.

　시험을 대하는 전반적인 태도가 어떠했는지 꼭 돌아봐야 한다. 목표를 적절히 세웠는지, 시험 시간에 어려운 문제에 막혀 시간이 부족하지 않았는지, 심리적 불안감이 컸는지, 시험 이후의 행동은 바람직한지 등. 공부는 열심히 하는데 결과가 항상 기대 이하라면 이 부분을 면밀히 따져봐야 한다.

과목별 오답의 원인을 구체적으로 분석하고, 부족한 부분이 무엇이었는지를 확인해야 한다. 개념 이해가 안 되었는지, 암기가 부족했는지, 문제풀이가 덜 되었는지. 그래야 보완할 수 있는 계획을 세우고 성적의 향상도 이루어지게 된다.

성공과 실패라는 결과에 대해서 어떻게 해석하는지도 관심을 가져야 한다. 타고난 능력이나 운에 의해 좌우된다고 판단한다면 학습에 대한 의욕을 잃게 된다. 외부의 환경을 탓하지 않고 노력의 중요성을 인식한다면 바람직한 학습 행동으로 이어지게 된다.

사람마다 실패를 경험했을 때 딛고 일어날 수 있는 요인들이 다르다. 처음부터 스트레스를 적게 받는다면 실패와 어려움에 대해 큰 영향을 받지 않겠지만, 회복탄력성이 낮은 경우에는 실패나 좌절을 겪었을 때 쉽게 딛고 일어나기 어렵다. 이럴 경우 주변 사람들의 도움을 통해 다시 할 수 있다는 긍정적인 생각을 가질 수도 있다.

결과도 중요하지만 이렇게 반성하는 과정이 있어야 비로소 성장할 수 있다. 결과를 객관적으로 바라보고 자신을 반성하는 태도를 갖추고 있으면 현재의 실패가 발전의 밑거름으로 작용해서 결국 목표에 도달할 수 있는 기회의 싹이 되고, 그렇지 않다면 개선되는 것이 없기 때문에 실패를 반복하게 된다. 따라서 자신의 상황을 객관적으로 파악하고 분석하는 것은 다음을 위해 필요하다.

시험 태도 돌아보기

학교 시험에 바람직하게 대처하며 이를 긍정적으로 활용하기 위해서는 객관적인 결과 평가가 필요하다. 이는 자신에 대한 이해를 향상시키는 자기 성장의 가장 기초적인 중요한 요소가 된다.

시험시간 활용도

시험시간 활용이란 쉬운 문제와 어려운 문제를 적절히 구분해서 시간을 효율적으로 사용하고 있는지를 의미한다. 시험이란 한정된 시간 안에서 이루어지므로 전략을 갖고 임해야 한다. 전략 없이 시험에 임하다 보면 어려운 문제에 너무 몰입하여 쉬운 문제를 풀 시간이 부족한 경우가 종종 발생한다. 시간 배분을 어떻게 할 것인지, 갑작스럽게 어려운 문항을 만났을 때는 어떤 조치를 취할 것인지 등이 준비되어 있어야 한다. 시험 상황을 떠올려 자신의 모습을 객관적으로 바라보자. 전략적 실수나 아쉬움이 없었는지 반성하고 대비하는 습관을 가져야 한다.

이를 대비하기 위해 시험 환경과 비슷한 조건에서 기출문제를 풀어보는 것은 필수적이다. 이를 통해 문제의 특징이나 고난이도 문제의 배치를 파악할 수 있고 자신에게 맞는 전략을 세우고 대비할 수 있다.

시험 불안도

"시험지를 보자마자 머리가 하얗게 되었어요." "손이 떨려서 계산할 수가 없었어요."라며 유독 시험에 불안감을 느끼는 학생들이 있다.

자신이 없거나 결과에 과도하게 집착하면 불안감이 커져서 좋지 않은 결과를 얻게 된다. 따라서 시험 때는 정서적으로 안정되었는지가 중요하다. 불안감을 떨치기 위해서는 시험 대비를 철저히 하고 결과를 겸허히 수용하겠다는 담대한 자세가 필요하다.

혼자 해결할 수 없다면 주위에 도움을 꼭 요청해야 한다. 경험이 많은 사람들과 상담을 통해 인식을 바꾼다면 마음도 저절로 변한다. 무엇보다도 자신감이 충만할 만큼 충분한 시험 대비를 하는 것이 우선되어야 한다.

평가 후 행동

오답 분석은 자신의 학습현황을 파악하는 매우 중요한 도구이다. 오답을 유형별로 분류해서 본인의 취약점을 찾고 보완해야 한다. 지난 시험의 학습 계획표를 다시 한번 살펴보는 것도 필요하다. 계획이 적절했는지, 공부하다 보니 부족한 것은 없었는지, 다른 변수는 없었는지 등을 점검하고 다음 시험계획에 대비해 반드시 수정 및 보완해야 한다. 학교수업과의 연계성, 수행평가에서의 적극성 등 일상적인 생활에서 반성할 점이 없었는지도 살피고 반성하자.

문항 번호	문항 범위	정답		오답										
				시험 기술 부족				시험 준비 부족						
										문제 해결 능력 부족			
		실력	우연	단순 실수	답안 작성 오류	시간 부족	기타	이해/ 사고 부족	정리 암기 부족	문제 착각	문제 이해 부족	문제 해결 전략 부족	기타
	문제가 출제된 교과 단원을 표시 합니다.	good	찍었는데 맞았어요	아는 내용 인데 실수 했어요 (계산 실수 포함)	아는 내용 인데 답안지 작성을 잘못 했어요	시간 부족 으로 아는 건데 못 풀었 어요		이 부분 내용을 잘 모르겠 어요	암기 하지 않아 틀렸 어요	아는 내용 인데 문제를 잘못 이해 했어요	무엇을 요구 하는 문제 인지 잘 모르 겠어요	어떻게 풀어야 할지 모르겠 어요	
			여기에 해당하는 문제들은 틀린 것으로 간주하여 오른쪽 항목에 따라 오답 원인을 분석해 봅시다.										

그림 5-1 오답분석표[출처: 『시험 잘 보는 공부법은 따로 있다』(이병훈 지음, 한겨레에듀)]

국어 돌아보기

공부에 관심이 없는 중학교 1학년 재민이는 "국어 공부를 왜 해야 하나요?" "우리말인데 그냥 읽고 문제만 풀면 되는 거 아닌가요?"라며 국어 공부에 대한 생각 자체가 없다.

중학교 2학년 민지는 자습서를 자세히 읽고, 중요한 부분은 줄을 치고 암기 후 문제를 푼다. 민지 국어성적은 85점 수준이다. 아직 국어에 대해 고민하지 않는다.

고등학교 1학년 정윤이는 자습서와 평가문제집으로 내신을 대비하고, 수능을 위해서 기출문제를 꾸준히 풀고 있다. 평소에 여유롭게 풀 때는 정답률이 높지만, 시험에서는 결과가 만족스럽지 못해서 항상 불안감을 가지고 있다.

고등학교 3학년 지형이는 EBS 교재를 풀고, 인터넷 강의에서 보충설명을 듣는다. 개념정리나 오답 분석도 열심히 하고 있지만, 성적이 오르지 않아 고민이다. 수능에서는 결국 1등급이 떨어지는 최악의 결과를 받았다.

우리 주위에 흔한 학생들의 모습이다. 저학년 때는 고민이 없다가,

고학년 때 가장 고민이 많아지는 과목이 바로 국어다. 뒤늦게나마 많은 시간을 들여 공부하지만, 성적의 변화가 없고 오히려 떨어지는 과목이다. 그래서 학생들은 같은 질문을 한다.

"제가 옳은 방법으로 공부하고 있나요?"
"도대체 국어 공부를 어떻게 해야 하나요?"

학생들이 많은 문제를 풀고, 여러 번 반복해서 공부하고 있지만, 국어 실력이 좀처럼 향상되지 않는다. 왜 그럴까? 여러 전문가는 개념의 부족에서 원인을 찾고 개념공부를 확실히 하라고 한다. 많은 선생님이 기출문제를 철저하게 분석하라고 하고, 수능교재를 꼼꼼하게 공부하라고 한다. 그렇게 꾸준히 공부하다 보면 언젠가는 성적이 오른다는 것이다. 일정 부분 맞는 이야기일 수 있다. 하지만 현장에서 학생들 반응은 부정적이다.

무엇이 문제일까? 공부량으로 해결되지 않는 보다 근본적인 원인은 무엇인가?

국어 성적을 높이는 근원은 글을 대하는 태도에 있다

학생들이 공부하는 모습을 다시 분석해 보자. 설명을 읽고 이해한 후 문제를 푼다. 틀린 문제는 해설을 통해 보완한다. 필요에 따라 암기하고, 정리도 하고, 별표도 친다. 책을 완독하면 새로운 교재도 동일한 방식으로 공부한다.

이 과정에서 성적이 오르는 학생과 변화가 없는 학생들의 차이는 어디에서 발생하는 것일까? 우리는 '글을 대하는 태도'에 주목해야 한다. 학생들이 글을 능동적으로 읽고 있는지 또는 수동적으로 읽고 있는지 확인해야 한다.

능동적인 읽기란 무엇인가? '글이 앞으로 어떻게 전개될까?'라는 기대와 예측을 갖고 읽는 읽기다. 우리가 추리소설을 읽을 때 발휘되는 능력이다. 궁금하고 반전이 있어 흡입력이 좋고 빠르게 읽힌다. 이런 능력을 국어 공부를 할 때 반드시 사용해야 한다.

> 보험은 같은 위험을 보유한 다수인이 위험 공동체를 형성하여 보험료를 납부하고 보험 사고가 발생하면 보험금을 지급받는 제도이다. 보험 상품을 구입한 사람은 장래의 우연한 사고로 인한 경제적 손실에 대비할 수 있다. 보험금 지급은 사고 발생이라는 우연적 조건에 따라 결정되는데, 이처럼 보험은 조건의 실현 여부에 따라 받을 수 있는 재화나 서비스가 달라지는 조건부 상품이다.
> 위험 공동체의 구성원이 납부하는 보험료와 지급받는 보험금은 그 위험 공동체의 사고 발생 확률을 근거로 산정된다. (중략)
>
> — 출처: 2017학년도 대학수학능력시험

위 글은 첫 문단에서 보험을 정의하고, 이어서 보험금 지급에 대해 설명하고 있다. 능동적으로 읽는다면, 앞으로 전개될 내용은 보험금 산출방법이나 지급조건이라고 예측할 수 있다. 이런 기대가 있어야 글의 뼈대가 잡히고 어렵고 복잡한 개념들의 이해가 쉽게 된다. 수동적인 학생들은 예측하지 못하기 때문에 글을 조금 읽다가 '무슨 내용이지?'하고 다시 처음부터 읽게 된다. 여러 번 읽어야 무슨 말인지 파악하게 된다. 그러나 시간이 한정된 시험시간에는 이런 여유가 없다. 글을 대하는 태도를 바꾸지 않으면 절대 성적이 오를 리 없다.

능동적인 읽기란 무엇인가? 복잡한 내용을 단순화하고 시각적으로 분류해서 쉽게 이해하려는 적극적인 태도이다.

먼저 소장에서 흡수된 포도당은 모세혈관을 타고 조직 세포로 운반된다. 이때 포도당 한 분자는 세포의 세포질에서 2개의 피루브산으로 분해되면서, 2개의 ATP*와 2개의 NADH2라는 물질도 만들어낸다.
다음으로 이때 생성된 피루브산은 미토콘드리아의 기질에 있는 TCA회로*에 투입된다. 피루브산 한 분자가 TCA회로에 투입되면 이산화탄소가 세 분자가 생성되고, 4개의 NADH2와 1개의 FADH2, 1개의 ATP가 함께 만들어진다. 포도당 한 분자로부터 피루브산이 두 분자 만들어지므로, TCA회로에서는 포도당 한 분자로부터 6개의 이산화탄소와 8개의 NADH2, 2개의 FADH2, 2개의 ATP가 만들어진다고 볼 수 있다. (중략)
— 출처: 2016학년도 11월 고등학교 2학년 전국연합학력평가

능동적으로 읽는 학생은 이렇게 복잡한 글을 아래와 같은 표로 정리한다.

조직	소장	모세혈관	조직 세포	미토콘드리아 기질
하부조직			세포질	TCA회로 1개 피루브산
물질	포도당	이동	피루브산 2개 ATP 2개 NADH2 2개	이산화탄소 3개 NADH2 4개 FDH2 1개 ATP 1개

표로 시각화하면 정확하게 이해할 수 있고 응용문제에서도 빠르

고 쉽게 대응할 수 있다. 능동적인 학생은 글의 이해를 돕기 위한 위와 같은 시도를 평소에 연습한다. 수동적인 학생이라면 글 자체로만 이해하려고 여러 번 읽다가 복잡하다고 포기하게 된다.

능동적인 읽기란 무엇인가? 문제를 풀 때, 내가 선택한 답의 근거를 스스로에게 묻는 태도이다. 제시된 지문 속에 반드시 근거가 있다는 자신감 있는 읽기다. 따라서 근거가 나오지 않으면 자신이 설득될 때까지 고민한다. 이와 같은 고민의 과정에서 자신이 무엇이 부족한지 인지하고 보충하려는 노력을 하게 된다. 진짜 공부가 시작되는 순간이다. 수동적인 학생은 문제를 풀 때 감각적으로 그럴듯한 것을 답으로 선택한다. 자신의 답에 믿음이 없으니 정답을 빨리 확인하고 해설에 의지한다. 아무리 반복해도 본인의 사고력과 추론력은 향상되지 않는다. 그냥 했다는 것에 만족할 뿐이다.

문제집 한 권을 더 보기 전에 자신의 글 읽기 태도를 진단해 보기 바란다. 능동적인 글 읽기가 무엇보다도 선행되어야 한다.

수학 돌아보기

"공부에 영향을 주는 가장 중요한 요인은 무엇인가요?"라고 누군가 질문한다면 대부분 "유전이요, 타고난 머리요."라고 답변한다. 특히 수학은 그럴 수 있다. 수학을 잘하는 타고난 논리적 감각이 있을 수 있다. 그러나 우리는 1장 〈교육 과잉의 시대, 진짜 자기주도학습을 해라〉에서 교육을 통해 후천적으로 바뀔 수 있음을 배웠다.

중학교 2학년 연수는 지난 학기 95점의 수학 성적을 받았다. 연수는 수학을 좋아해서 평소에도 수학 공부를 가장 많이 한다. 이번 학기에도 문제집을 6권째 풀고 있으며 다양한 심화 문제를 연습하고 있다.

중학교 3학년 재영이는 고등학교 수학을 공부하고 있다. 과도한 선행학습은 좋지 않다고 하지만 고등학교 때 좋은 성적을 위해서 미리 준비를 해둬야 한다고 생각한다. 고등학교 1학년 과정뿐만 아니라 고등학교 2학년 과정도 동시에 공부하고 있다.

예비 고등학교 3학년 이과생 정민이는 수학책이 6권이다. 2019학년도 수능에 반영되는 3과목(미적분2, 확률과 통계, 기하와 벡터)을 각각의 개념서와 수능 기출문제집을 공부한다. 하루 공부의 70%는 수학이 차지하고 있다.

이렇듯 대한민국 학생들에게 '공부=수학'이라는 인식이 자리 잡고 있을 정도로 수학은 가장 중요한 과목이 되었다. 이런 이유로 수학에서 어려움을 겪고 있는 학생들은 많은 불안과 스트레스에 빠져 있다.

학년이 올라가면서 학력의 격차가 가장 커지는 과목도 수학이다. 오늘 하루만 해도 공부량에서 엄청난 차이가 발생한다. 기초 개념 몇 문제를 익힌다고 1시간 공부하고 지치는 학생이 있는 반면, 기본 예제는 오래전에 끝낸 상태에서 심화 및 고난이도 수십 문제를 3~4시간씩 풀고 있는 학생이 있다. 이렇게 과거부터 하루하루 누적된 결과가 이번 수학시험의 결과이며, 앞으로 6개월이 누적된 결과가 내년 시험의 결과이다. 과외를 한다고, 유명한 학원에 다닌다고 결과가 바뀌지 않는 것은 이 누적의 효과 때문이다. 이렇게 누적된 실력은 새로운 개념과 기본유형의 문제를 빠르게 이해하게 하고, 같은 시간에 많은 문제를 풀게 하는 선순환을 가져온다. 이것이 요 며칠 우리 아이가 달라졌다고 해서 성적이 올라가지 않는 핵심적인 이유다. 매일매일 문제와 씨름하고 진지하게 고민하는 경험이 누적되어야 한다.

수학은 자신감을 가져야 성적이 향상된다

수학을 잘하는 가장 근원은 '수학적 자신감'을 갖는 것이다. '수학적 자신감'이란 무엇인가?

바로 '어떤 개념이든지 충분히 이해할 수 있다'는 자신의 능력에 대한 믿음이다. 이 믿음은 '문제를 풀 수 있다'라는 적극적인 태도를 보여주기에 수학을 잘하기 위해서 필수적인 항목이 된다.

그렇다면 '수학적 자신감'은 어떻게 길러지는가?

수학에 실패하는 학생들을 떠올려 보자. 문제집을 절반도 못 풀었는데 시험이 다가왔다. 결과가 좋지 않았다. 다음번엔 잘 보겠다고 마음을 굳게 다잡는다. 그리고 친구가 성적이 올랐다는 학원에서 상담하고 새롭게 등록한다. 강사 선생님이 잘 설명해 주시고 분위기도 좋다. 진도가 빠르고, 숙제가 조금 많다. 첫째 주에는 열심히 하겠다는 마음으로 공부했다. 둘째 주부터는 수업시간에 집중이 안 되기 시작하고, 학교 수행평가로 바빠서 숙제를 간신히 했다. 셋째 주가 되자 처음 먹었던 마음은 사라지고, 수업과 숙제는 귀찮은 일상이 되었다. 그러다 보니 또 시험 기간…

또 아무런 성과가 없었다. 왜 그럴까?

원인은 자신의 속도에 맞춰 공부하지 못했기 때문이다. 개념을 이해하고 연관된 문제를 순차적으로 풀면서 머릿속에서 개념을 충분히 다졌어야 했다. 그렇게 하지 못하고 서둘러 많은 문제를 접하다 보니 사고하지 않고 문제 푸는 흉내만 낸 것이다. 기본이 부실해지며 '수학은 안 되겠구나'하는 좌절감만 맛보게 된다. 자기주도적으로 학습하지 못하면 수학적 자신감은 이처럼 계속 떨어지게 되어 있다.

결국, 수학적 자신감은 자기주도적인 학습을 통해서 길러진다.

오직 자신만의 속도로 공부하는 과정에서 생겨난다. 자신만의 속도로 공부해야 이해가 되고, 비로소 누적되기 시작한다. 절대 하루아침에 모든 것이 이루어질 수 없다. 누적이다. 지금부터 출발점에서 자신만의 탑을 쌓아야 한다.

전국에 수많은 수포자(수학 포기자)가 있다. 그들은 왜 수포자가 되었을까? 너무나 빠른 속도를 강요받기 때문이다. 개념이 쌓이지 않은 상태에서 마주치는 어려운 문제들에 압도당했기 때문이다. 그렇게 되지 않기 위해 우리는 자신의 공부속도를 인지하고 자신에게 맞는 공부를 시작해야 한다. 늦지 않았다. 자신을 믿어라.

영어 돌아보기

학생들이 영어를 못하는 이유는 보통 2가지다. 첫째는 단어 실력이다. 모르는 단어가 많아 독해가 안된다고 말한다. 단어를 외우려고 시도를 했지만 조금 지나면 기억이 나지 않고, 매번 모르는 단어를 찾아 외우기가 귀찮다는 게 그 이유다. 둘째는 문법이다. 내신영어에서는 중요하게 다루고 있기 때문에 문법이 강조되지만, 완벽하게 잡혀 있지 않아 항상 불안하다고 말한다. 반면에 모르는 단어는 문맥 속에서 유추할 수 있고 문법은 중요하지 않다는 최상위권 학생도 많다.

유치원 때부터 영어를 시작할 만큼 오랜 기간 공부했지만 왜 영어를 힘들어할까?

그것은 영어 자체의 문제라기보다는 글을 읽고 다루는 역량에 기인하기 때문이다. 단어를 계속 외우거나 문법을 반복적으로 학습하지만, 글을 읽는 본질적인 역량이 발전하지 못하면 영어 실력이 정체되거나 하락하기 때문이다. 글을 읽는 본질적인 역량의 발전 없이 단어를 외우거나 문법을 공부하는 것은 모래성과 같다. 단어를 외우지만 사라지는 기억일 뿐이고, 문법은 체계화되지 못하는 단편적인 지식일 뿐이다.

다양한 주제의 글을 읽으면서 단어와 문법을 다져야 한다. 문장의 의미를 파악하면서 단어의 의미를 유추해 보고, 암기했던 뜻을 떠올려보며 기억을 자극해야 한다. 문법에서 배웠던 요소들을 문장 속에서 확인하며 어떤 방식으로 문장이 구성되는지를 익혀야 한다. 그렇게 다양한 글을 읽으면서 배경지식도 쌓고, 글쓴이의 의견도 생각해 보는 가운데 단어들이 친숙해지고 문법적 요소가 대수롭지 않게 다가온다.

결국, 영어의 울렁증의 원인과 극복방법은 모두 하나로 귀결된다. 글을 읽지 않아서 생겼기 때문에 자신의 수준에 맞는 다양한 글을 많이 읽어야 한다.

영어 글을 읽는 데 꼭 필요한 역량

무엇보다는 문장을 볼 수 있는 능력을 갖추는 것이 가장 중요하다. 문장에서 주어, 목적어, 보어, 서술어를 파악해서 형식(1~5형식)에 맞게 해석할 수 있어야 한다. 이것이 시작이다. 이것이 안 된 상태에서는 단어도, 문법도 단지 모래성과 같다. 문장을 볼 수 있는 상태에서 학습된 문법은 탄탄하게 유지된다. 문장을 파악할 수 있는 상태에서는 심지어 모르는 단어가 있을 때도 충분히 대처할 수 있다.

그렇다면 이 핵심적인 능력을 얻기 위해서는 무엇을 해야 하는가? 바로 구문학습이다. 구문이란 글의 짜임을 말한다. 영어가 어떤 방식으로 문장이 만들어지는지에 대한 바탕 지식을 제공한다. 이 지식은 해석에 그대로 반영되어 문장의 이해를 돕는다. 또한, 구문학습은 문법의 본질적 의미를 쉽게 파악할 수 있게 해 주기 때문에, 문법에서 실력과 자신감을 얻고자 한다면 필수적으로 정복해야 한다.

ex) What can't be cured must be endured.
출처:『천일문 기본』(김기훈 외 지음, 쎄듀)

구문학습이 되었다면 What can't be cured가 주어라는 것을 알고 아래와 같이 구조를 분석했을 것이다.

What can't be cured(주어)/must be endured.: 치료될 수 없는 것은/참아져야만 한다.

만일 cured, endured라는 단어를 모른다면, '주어는 endured 되어야 한다.'던가 또는 'cure 될 수 없는 것은 endured 되어야 한다.' 등으로 최소한의 파악은 할 수 있다.

둘째, 단어의 다양한 쓰임에 대해 꼭 인식해야 한다. 하나의 단어는 다양한 의미를 가지고 있다. 그런데 학생들은 단어마다 대표적인 의미를 1~2개만 외운다. 이것이 내용을 제대로 파악하는 것을 방해하는 아주 중요한 이유가 된다. 따라서 단어를 공부할 때, 우리말 뜻의 다양한 표현과 함께 그 단어가 본래 가지고 있는 공통된 이미지도 암기한다면 매우 도움이 된다. 이 이미지는 영영사전을 통해 파악할 수 있다. 다음의 예를 보자.

> **develop**
> ① 일반 단어책: 성장하다. 개발하다. 발달하다. (병, 문제가) 생기다. ~에
>   영향을 주기 시작하다.
> ② 영영사전: glow bigger

위의 develop이란 단어는 우리가 흔히 '발달하다' '개발하다' 등으로 알고 있는 단어다. 이외에도 많은 뜻을 가지고 있다. 그런데 영영사전을 보면 이 단어는 '뭔가가 점점 커져가는'이라는 의미로 쓰인다는 것을 파악할 수 있다. 이것을 기억하자는 것이다. 아래 몇 가지 예문으로 develop이라는 단어가 주는 이미지를 그려보자. 확실히 문장의 의미파악이 잘 되기 시작한다.

> ※ She **developed** a taste for champaign while she was in France.:
>   원래 없던 취미가 커진(생긴)~
> ※ Their friendship **developed** at college.: 원래 없던 우정이 커졌다.
> ※ She's **developed** some very strange habits lately.: 없던 이상한 습관
>   이 생겼다.
>
> **출처: 메가스터디(조정식)**

자주 보는 단어 같은데, 뜻이 다양하고 나올 때마다 헷갈리는 단어들은 꼭 영영사전을 찾아서 공통된 의미의 이미지를 만들어 보자. 단어의 기억이 아주 오래간다.

셋째, 문법을 그 자체로만 보지 말고 왜 그것을 사용하는지에 주목하자. 예를 들어, 가정법이라면 단순히 공식만을 암기하지 말고 언

제 쓰는지에 주목하자.

> **가정법 과거: 현재 사실의 반대일 때**
>
> If+주어+동사의 과거형(be 동사에서는 were), 주어+(would/could/might)+동사원형

가정법 과거는 현재 사실의 반대일 때 사용된다. 따라서 현재 사실과 반대 상황에서는 위와 같은 구조를 언제든 쓸 수 있다는 것이다. 아래 예문으로 확인하자.

> Without music, she would be crazy.: 음악이 없다면 그녀는 미칠 것이다.

'음악이 없다면'이 현재 사실의 반대이므로, 자연스럽게 가정법 과거의 형식인 'would be'를 사용하고 있다. 언제, 왜 사용하는지에 주목해야 하는 이유는 글쓴이의 의도를 제대로 파악하기 위함이다.

사회탐구 돌아보기

 현 교육과정에서 사회탐구 영역은 9개 과목이다. 동아시아사, 세계사, 한국지리, 세계지리, 법과정치, 경제, 사회문화, 생활과 윤리, 윤리와 사상 등이다. 문·이과 필수 과목인 한국사를 포함하면 10개 과목이 된다. 각 과목에서 다루고 있는 내용이 다르고 학습방법에서 차이가 크기 때문에 학생들의 선호도 또한 확연히 구별된다.

사건의 전후 관계를 이해한다 - 한국사, 동아시아사, 세계사

 반드시 교과서를 가지고 학습한다. 모든 이야기(Full story)를 알아야 하기 때문이다. 아래 그림은 제2차 갑오개혁을 실은 교과서와 참고서를 비교한 것이다.

---

2. 제2차 갑오개혁
(1) **배경:** 청·일 전쟁에서 일본 승세, 군국기무처의 폐지, 김홍집·박영효 연립 내각 구성
(2) **독립 서고문과 홍범 14조 반포:** 국정 개혁의 기본 강령, 청의 간섭과 왕실의 정치 개입 배제
(3) **개혁 내용:** 8도를 23부로 재편, 재판소 설치(사법권과 행정권 분리), 교육입국 조서 반포

그림 5-2 제2차 갑오개혁 관련 내용
[출처: 『EBS 고등 한국사』(강승호 외 지음, EBS한국교육방송공사)]

홍범 14조를 반포한 제2차 개혁	사료 읽기 홍범 14조(일부)

<u>청·일 전쟁에서 승세를 잡은 일본은 조선에 대해 적극 간섭하기 시작하였다. 군국기무처를 폐지하고, 일본에 망명했던 박영효를 앞세워 조선을 보호국화하기 위한 정책을 본격적으로 추진하였다.</u>
 	
  그러나 박영효가 중심이 된정부는 청에 대한 의존적 관계를 청산하고, 국정 개혁의 기본 강령이라 할 수 있는 홍범 14조를 반포하여 군국기무처의 개혁을 계승해 나가고자 했지만, 일본의 간섭에서 자유롭지 못하였다.
 	
  의정부를 내각으로 개편하고, 지방 제도를 8도에서 23부로 바꾸었다. 지방관의 권한을 축소시켰으며, 재판소를 설치해 사법권의 독립을 꾀하였다. 또한, 근대적 교육 제도를 마련하여 한성 사범 학교 관제, 소학교 관제, 외국어 학교 관제 등을 발표하였다.
	1. 청에 의존하는 생각을 버리고 자주 독립의 기초를 세운다.
	2. 왕위 계승의 법칙과 종친·외척과의 구별을 명확히 한다.
	4. 왕실 사무와 국정 사무를 나누어 서로 혼동하지 않는다.
	6. 납세는 법으로 정하고 함부로 세금을 거두지 않는다.
	7. 조세의 징수와 경비 지출은 모두 탁지아문에서 관할한다.
	9. 왕실과 관청의 1년 회계를 계획한다.
	10. 지방 제도를 개정하여 지방 관리의 직권을 제한한다.
	11. 총명한 젊은이들을 파견하여 외국의 문물을 견습시킨다.
	12. 장교를 교육하고 징병을 실시하여 군제의 근본을 확립한다.
	13. 민법, 형법을 제정하여 국민의 생명과 재산을 보전한다.
	14. 문벌을 가리지 않고 인재 등용의 길을 넓힌다.
	
	                       — '고종실록'

그림 5-3 제2차 갑오개혁 관련 내용[출처: 『한국사 교과서』(한철호 외 지음, 미래엔)]

    교과서의 밑줄 친 부분은 이 사건의 배경에 해당하는 내용으로, 참고서만으로 학습하는 것과 비교해서 사건의 흐름이나 인과관계의 파악이 쉬워진다. 교과서로 줄거리를 읽어야 어떠한 사건이 일어나게 된 배경이나 그 이후 발생하는 또 다른 결과를 파악할 수 있다. 그래야 재미가 있고, 이후 사건이 관심이 간다. 이런 접근이 아닌 참고서에서 분류된 내용으로 학습하는 것은 단편적인 정보일 뿐이며 무작정 암기하는 공부가 될 뿐이다.

지도와 그래프의 분석 - 한국지리, 세계지리

지리 과목은 지형이나 기후적 특성을 바탕으로 파생되는 도시, 경제 및 문화적 현상까지 포괄적으로 다루고 있다. 지리 공부의 기본은 지형이나 기후의 특징을 이해하고 암기하는 것이다. 그다음에는 이런 자연적 조건이 우리 삶에 어떤 영향을 끼쳤는지를 다양한 데이터를 통해 해석하고 적용한다. 따라서 많은 지도와 다양한 그래프 및 도표를 제대로 분석하는 것이 주요한 학습 내용이다.

누구에게나 만만해 보이는 - 생활과 윤리, 사회문화

생활과 윤리, 사회문화는 인문계 학생의 절반 이상이 선택하는 과목이다(2018학년도 수능 기준, 생활과 윤리 57.6%, 사회문화 53.2%). 중학교 때 특별히 신경 써서 공부하지 않아도 기본 성적이 나오는 도덕 과목에 대한 느낌을 이 2과목에서 받고 있기 때문이다. 선택한 인원이 많고 공부를 못하는 학생들이 많이 선택하는 과목이라서 조금만 노력하면 성적이 곧잘 나오는 과목이기도 하다. 개념의 이론적 정의를 명확하게 하고, 실제 우리 생활에서 발생하는 일들이 어떠한 개념에 대한 사례인지 연관성을 생각하며 공부해야 한다.

매니아들이 있다 - 법과정치, 경제

이 과목을 선택하는 학생들은 과목에 대한 선호도가 확실하다. 자신 있는 학생들만 선택하기 때문에 어설피 공부하는 학생이 선택하는 것은 금물이다. 학생들에게는 딱딱하고 낯선 주제이기 때문에 겉핥기식으로만 공부하는 경향이 많다. 그러나 어려서부터 TV 뉴스를 자주 접하고 시사에 관심이 많은 학생이라면 도전해 보자. 경제는 어떤 현상의 원리를 반드시 이해해야 한다. 가격은 왜 오르는가? 왜 공급이 줄어드는가? 하는 것이 개념학습 단계에서 반드시 납득이 되어야 한다. 과목의 성격상 전문적인 용어나 표현들이 많이 나오므로, 자신의 언어로 재정리하는 노력이 필요하다.

과학탐구 돌아보기

과학 과목에 대한 흥미와 관심은 '원리를 어느 정도까지 이해하고 있느냐'와 밀접한 관련이 있다.

중학교 3학년 현태는 별의 일주운동의 방향을 그대로 암기한다. 쉽게 암기되기 때문에 기본문제를 풀 때 문제가 없다. 가끔 틀린다면 '왜 자꾸 잊어버리지' 하고 다시 암기를 반복한다. 따라서 공부가 쉽고, 시간도 얼마 걸리지 않는다. 다만 시험 이후에는 아무것도 기억이 나지 않고 아무런 재미를 찾을 수 없다.

같은 학년 경현이는 일주운동이 방향마다 달라지는 현상이 발생하는 원리를 공부한다. 내용이 복잡하고 이해하는 데 한참이 걸린다. 그러나 그 과정을 통해 원리를 터득하게 되면 만족감과 함께 자신감이 생긴다. 원리에 대한 이해를 바탕으로 응용문제도 잘 풀게 되고 시험 이후에도 기억이 오래도록 남아있다.

개념을 공부하는 과정에서 그 원리까지 깊이 있는 학습을 하는 것이 중요하다. 많은 학생이 중학교 때 이런 식의 학습을 하지 않고 단순히 암기만 한다면 지식으로 쌓이지도 않고 이후에 과목의 흥미도 갖지 못한다.

공식을 문제에 어떻게 적용을 하는가? - 물리

많은 학생이 개념 잡기를 어려워한다. 개념 파트를(공식은 비교적 간단하다) 공부하고 문제를 풀려고 하면 어떻게 해야 할지 모르기 때문이다. 다른 과목은 내용을 이해하고 암기하면 어느 정도 접근이 가능한데 물리는 그렇지 않다. 몇 번 좌절하고 나면 물리에 대해 두려움을 갖게 된다. 이것이 물리를 못하는 근본적인 이유이다.

그런데 물리 과목은 반드시 문제를 통해서 개념을 이해해야 한다. 개념 파트에서 공부한 공식이 문제에 어떻게 적용되는지를 꼭 확인해야 한다. 그래프를 어떻게 활용하는지, 제시된 상황에서 공식을 적용하려면 어떤 점을 고려해야 하는지 등을 문제를 통해 익혀야 한다. 물리의 개념은 문제를 통해 완성되는 것이다. 따라서 기본문제에서 틀리는 것은 당연한 것이고 틀리는 과정을 통해서 개념을 터득해야 한다. 공식을 어떻게 적용해서 문제를 푸는지가 관건이다.

화학반응식의 양적 관계를 추론할 수 있는가? - 화학

화학은 실험을 통해 얻어진 데이터를 통해 물질의 조성 또는 양을 추론해 내는 과목이다. 따라서 물질의 구조적 특징이나 반응 시 나타나는 현상에 대한 이해와 암기가 우선 필요하다. 이런 기본적인 정보를 바탕으로 실험을 통해 얻어진 다양한 데이터를 분석하고 활용할 수 있느냐를 판단한다. 여러 조건에서 물질의 양적 관계를 푸는 연습을 많이 해야 한다.

세밀한 암기와 유전? - 생명과학

생명과학은 세밀한 암기가 바탕이 되어야 한다. 암기에 자신이 없는 학생들은 엄두를 내지 못한다. 심지어 원리도 암기해야 한다. 그만큼 암기해야 할 것들이 많다. 문제풀이를 통해 암기하지 못하고 놓친 포인트를 찾아내서 지속적으로 암기를 반복해야 한다. 암기한 것은 확인하는 과정이 꼭 필요하다. 백지에 그림을 그리거나 내용을 써보며 스스로 점검한다면 많은 도움이 된다. 유전 파트는 생명을 공부하는 데 가장 어려워하는 부분이다. 많은 연습이 필요하다. 한 번에 끝내려고 하지 말고, 매일 3~5문제씩 연습하는 것이 효과적이다.

천체의 운동이 머릿속에 그려지는가? - 지구과학

복잡한 계산문제가 없기 때문에 최근에 많은 학생이 선택하고 있는 과목이다. 이해나 암기 측면에서 전반적으로 평이하다. 관건은 천체 단원이다. 천체는 반드시 이해한 후 암기해야 한다. 그냥 암기하려는 시도는 아무 소용이 없다. 용어의 정의를 정확하게 암기하고 비슷비슷한 용어를 잘 구별해야 한다. 학생들 스스로가 관측자라고 생각하고 가상의 공간을 머릿속으로 잘 떠올려야 한다. 천체에서 개념은 (물리와 마찬가지로) 반드시 문제를 통해서 다져야 하므로 개념과 문제를 반복적으로 오가며 개념에 대한 이해도를 높여야 한다.

기초 어휘력을 키워야 하는 이유

상담 때 학부모님께서 주로 하는 질문이 있다. "우리 아이가 잘할 수 있을까요?" "아직 안 늦었나요?. 그 질문에 대해 항상 두 가지에 달려 있다고 대답한다. 하나는 하고자 하는 학생의 간절한 마음이며, 또 하나는 언어적 이해력이다. 지난 10년간 학생들을 관찰한 결과, 언어적 이해력이 뛰어난 학생은 공부속도와 습득력이 빨라서 조금만 노력하면 성적이 금방 향상된다. 반면, 언어적 이해력이 떨어지는 학생은 아무리 간절함이 크고 의지력이 강해도 학습속도가 늦고 온전히 내용을 이해할 수 없다. 그 때문에 성적 향상도 더디고 빨리 지치게 된다. 이렇게 중요한 언어적 이해력을 좌우하는 것은 바로 기초 어휘력이며, 어휘력이 모든 공부의 시작이자 기본이다.

공부한다는 것은 결국 이 언어라는 도구를 통해 낯선 지식을 나의 인식 체계 안으로 받아들이는 행위다. 새롭고 광범위한 지식은 문자 언어를 통해 학습자에게 전달된다. 지식의 수준이 높아질수록 동시에 그 지식을 담고 있는 어휘의 양도 많아지고, 질도 높아진다. 학년이 올라갈수록 학생들이 점점 국어 어휘력의 부족을 실감하는 이유도 이 때문이다. 누구나 알다시피 어휘력은 공부의 기본이며 다른 공부의 성장을 밑받침하는 토대가 된다. 자기주도적 학습의 핵심능력 또한 어휘력이다. 어휘력이 풍부한 학생은 웬만한 내용쯤은 별도의 도움 없이 스스로 이해하고 정리하는 것이 가능하다. 내용을 완벽하게 숙지하고 암기하기 위해 소용되는 시간도 다른 학생들에 비하여 월등히 짧다. 학습효율성이 높아지니 공부하는 것이 그렇게 어려울 것도 없다. 결국, 탄탄한 어휘력은 학생들이 공부라는 이 거대한 벽과 조금은 행복하고 가볍게 마주할 수 있는 중요한 도구가 되는 셈이다.
— 서울대 합격생 기적의 어휘공부법(에듀플렉스 교육개발연구소) 中

어휘력이 부족하면 글을 이해하는 데 방해가 된다. 그래서 공부를 할 때 국어사전을 이용하곤 한다. 그런데 사전에서 뜻을 찾아서 그 단어와 그 단어가 포함된 문장의 내용을 이해한다면 만족할 수 있는 것인가? 어휘력 부족은 공부하는 데 있어서 겉으로 드러나는 것보다 훨씬 더 치명적 약점을 내포하고 있다.

〈접동새〉(김소월) 표현상의 특징: 서북 지방의 설화를 제재로 시상을 전개하며, 의성어를 통해 혈육에 대한 정을 표출함.
— 출처: 『현대시의 모든 것』(이석호 외 지음, 꿈을담는틀)

한 문학 참고서에서 〈접동새〉라는 시에 대해 특징을 요약한 문장이다. 그런데 만약 어떤 학생이 아래와 같이 표시된 어휘를 모른다고 가정한다면 이 학생은 공부를 어떻게 할 것인가?

〈접동새〉(김소월) 표현상의 특징: **서북** 지방의 **설화**를 **제재**로 **시상**을 **전개**하며, **의성어**를 통해 **혈육**에 대한 정을 **표출**함.
— 출처: 『현대시의 모든 것』(이석호 외 지음, 꿈을담는틀)

여기에서 우리는 위에 어휘들을 2가지로 구분할 수가 있다. 하나는 제재, 시상, 의성어 등으로 문학을 공부하는 데 필히 알아야 할 개념에 해당하는 내용이다. 이것을 모른다면 개념서를 통해 정의와 그에 따른 세부적인 내용을 공부해야 한다. 또 하나는 서북, 전개, 혈육, 표출 등 일상에서 사용하는 용어들이다. 이 어휘들은 감각적으로 의미를 받아들이고 문맥 속에서 뜻의 유추가 가능하다. 뜻을 정확히 알고 싶다면 사전을 찾아보면 될 것이다. 보통 수준의 어휘력을 갖고 있다면 이런 분류 정도는 자연스럽게 이루어진다.

'시상'이란 단어를 보자. 국어개념 교재에서는 시상 전개 방식이란 개념으로 설명하면서 시 한 편을 예로 설명하고 관련된 문제까지 공부할 수 있도록 하고 있다.

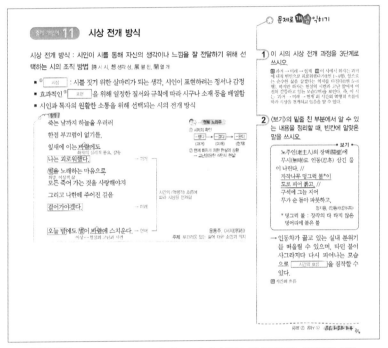

그림 5-4 시상 전개 방식 설명[출처: 『국어 개념 완성』(이운영 지음, 꿈을담는틀)]

반면, 국어사전에서는 아래와 같이 짧게 뜻만 알 수 있다.

※ 시상(詩想) **[명사]**

　　1. 시를 짓기 위한 착상이나 구상.

　　2. 시에 나타난 사상이나 감정.

　　3. 시적인 생각이나 상념.

또래 수준보다도 현저하게 어휘 수준이 떨어진다면 각 단어가 주는 느낌이 개념인지 단순 어휘인지를 구분하지 못한다. 무엇이 중요한지 또는 무엇을 공부해야 하는지 파악이 안 된다. 개념을 개념으로 받아들이지 못하고 사전에서 '표출'이라는 단어의 뜻을 찾듯이 '시상'이란 뜻을 찾는다면 시상에 대한 공부를 할 기회를 갖지 못할 것이다. 단편적인 뜻만 확인하니 기초가 쌓이지 않고 문제를 푸는 역량은 발전하지 않는다. 이보다 더 큰 문제가 어디 있는가?

뛰어난 어휘력은 글을 입체적으로 볼 수 있게 해 준다. 즉, 공부해야 할 것과 안 해도 되는 것을 구별해 준다. 그래서 내용이 자연스럽게 구조화된다. 구조화된 글은 암기도 쉬워지고 공부도 쉬워진다. 뛰어난 어휘력은 글쓴이가 표현하고자 하는 느낌을 머릿속에 생생하게 떠올리게 한다. 당연히 기억에 오래 남게 된다. 학업적인 발전이 빨라진다.

남들보다 어휘력이 떨어진다면 그 무엇보다도 어휘력 향상에 힘써 보자. 모든 공부의 시작이자 기본이다.

학습 성공 요인과
실패 요인

　저마다의 노력으로 공부를 하고 그 결과를 우리는 중간고사, 기말고사에서 얻게 된다. 중간고사와 기말고사가 우리의 공부상황과 인지 상태를 100% 정확하게 체크할 수는 없지만, 이 두 번의 고사는 평균적으로 학생이 얼마나 중요도에 따라 공부했는지를 체크할 수 있는 공교육의 평가 척도이다.

　우리 학생들은 1년에 4번의 시험을 거치면서 스스로를 반성하고 돌아보는 시간을 가진다. 그런데 이때 우리가 얻은 성공과 실패가 어디에서 귀인하고 있는지를 알아볼 필요가 있다. 학생들이 어떤 원인에 의해서 결과가 만들어졌는지에 따라서 앞으로의 행동이 달라질 수 있기 때문이다.

	학생 1	학생 2	학생 3
평소의 수학 점수	95	70	60
2018년 1학기 수학 점수	85	85	60
점수에 대한 생각	'이번에 너무 공부를 안 했나?'	'이번에는 시험이 쉬웠어.'	'해도 안 해도 이 점수네.'

　학생 1, 2, 3은 점수를 받고 생각하는 부분들이 다 다르다. 그 이

유가 무엇일까? 이는 학생들 스스로가 자신의 점수가 나타난 과정에 대해서 다른 의미를 부여하고 있기 때문이다.

평상시에 항상 수학을 잘했던 학생 1은 자신의 능력에 대해서 의심하지 않는다. 다만, 자신이 노력을 덜 했거나 마킹 실수로 인해 성적이 떨어졌다고 생각한다. 학생 2는 성적이 많이 오르더라도 평상시에 점수가 낮았기 때문에 자신의 능력에 자신감이 없다. 그렇기 때문에 시험이 쉬웠거나 평상시보다 잘 찍었다는 생각을 통해서 자신의 결과를 해석한다. 학생 3은 공부를 해도 안 해도 비슷한 점수를 받기 때문에 굳이 시간을 더 들여서 공부해야 한다는 생각을 갖지 못하는 학습된 무기력을 가지고 있다.

위의 상황을 설명해주는 이론으로 켈리(Harold Kelley, 1921~2003년)의 '귀인이론'을 들 수 있다.

귀인이론이란 자신 또는 타인 행동의 이유를 추론하려는 이론으로, 이 이론에 따르면 사람들은 자신의 성공이나 실패에 대해서 자신의 행동으로부터 원인을 찾아내어 귀속시키려는 경향이 있다. 또한, 이 귀속된 원인에 따라 향후 성공에 대한 기대나 동기화가 달라진다고 보는 것이다. 사람들의 행동을 귀인하는 요소는 능력, 노력, 운, 난이도 등으로 크게 4가지로 나뉜다.

표 5-1 귀인요소

귀인요소	원인소재	안정성	통제 가능성
능력	내적	안정적	통제 불가
노력	내적	불안정적	통제 가능
운	외적	불안정적	통제 불가
난이도	외적	안정적	통제 불가

우리는 주로 학습에 성공했을 때는 능력과 노력에 초점을 두는 경향이 많다. 이는 잘되거나 좋은 것은 나로 인해서 발생한 것이라고 무의식적으로 생각하는 것이다. 그리고 실패를 했을 때는 운, 난이도에 초점을 두어 내가 통제할 수 없는 상황들로 인해서 실패했다고 생각한다. 이는 쉽게 책임을 회피하는 수단으로 이용되기도 하는 것이다.

따라서 우리는 학습의 성공과 실패라는 결과를 해석할 때, 우리 스스로가 통제 불가능한 것이 아닌 통제 가능한 상황에서 생각해야 할 것이다. 외부 상황은 언제나 변동 가능하기 때문에 외부상황에 기대는 것보다 자신의 노력에 의지해서 스스로가 어떻게 행동했느냐에 따라서 학습의 성공과 실패가 결정된다고 봐야 한다.

따라서 가장 중요한 것은 나의 '노력'이라고 하겠다.

회복탄력성

　많은 학생이 성공하기 위한 길을 간다. 성공이라는 것을 공부로만 말할 수는 없을 것이다. 공부, 친구관계, 가족관계, 자신의 성장 등 여러 분야의 성공이 있을 것이다. 하지만 이 모든 분야에서 항상 성공을 거두기란 쉽지 않다. 항상 전교 1등을 하다가 갑자기 전교 30등이 된 아이, 친구들과 잘 어울리다가 어느 날 무리에서 벗어난 아이, 자신이 무엇이 되어야 할지에 대해서 알지 못해 좌절하는 아이 등 우리는 여러 종류의 힘듦을 경험하면서 삶을 살아간다.

　이러한 힘든 상황들을 경험해도 우리는 앞으로 나아가기 위해서 이것을 이겨내는 힘이 필요하다. 우리는 이것을 '회복탄력성'이라고 부른다.

　회복탄력성은 크게 3가지로 나뉘는데, 첫째, 긍정적인 정서를 유발하는 습관인 긍정성이며, 둘째, 스스로의 감정과 충동을 잘 통제할 수 있는 자기조절력이고, 셋째, 주변 사람들과 건강한 인간관계를 맺을 수 있는 대인관계력이다.

　이 3가지의 하위개념으로 긍정성은 자아존중감과 낙관주의로 나뉘고, 자기조절력은 책임의식과 스트레스저항력으로, 대인관계력은 주위도움요청으로 나눌 수 있다.

한 아이가 있다. 이 아이는 항상 남의 말을 잘 따르며 평소에는 큰 문제가 없다. 하지만 누군가가 자기에게 잘했다는 칭찬을 해주지 않으면 다른 사람들이 자신을 싫어하지는 않는지 큰 고민에 빠지게 된다.

이 아이의 문제는 무엇일까?

'자존감'의 문제다. '자존감'은 말 그대로 자신이 사랑받을 만한 가치가 있는 소중한 존재이고 어떤 성과를 이루어낼 만한 유능한 사람이라고 믿는 마음이다. 자아존중감은 객관적이고 중립적인 판단이라기보다 주관적인 느낌이다. 따라서, 어린 시절의 부모와의 관계에서 자존감의 기틀을 마련하고 점차적으로 또래 친구와의 상호작용을 통해서 자신을 평가하고 자존감을 조정하게 된다. 자존감이 높은 아이는 주변의 반응에 크게 흔들리지 않고 타인의 부정적인 피드백도 긍정적으로 수용하게 되지만, 자존감이 낮은 아이는 의사결정에 의존적이며, 불안감과 우울감이 높다고 할 수 있다.

두 번째 아이가 있다. 이 아이는 공부를 열심히 하고 싶지만, 집중을 잘 하지 못해서 자주 부모님께 혼이 난다. 혼나는 일이 반복되다 보니 부모님께서 공부 얘기만 꺼내면 화를 낸다.

이 아이의 문제는 무엇일까?

'스트레스저항력'의 문제다. '스트레스저항력'이란 스트레스를 이겨내는 힘을 말한다. 스트레스란 우리가 감당하기 어렵다고 생각되는 상황일 때, 그 상황에 대처하기 위해 몸이 준비상태에 들어가는 것을 말한다. 그렇다는 것은 스트레스가 지속된다면 온몸이 과도한 긴장 상태에 자주 빠져있게 된다는 것이다. 이러한 긴장 상태가 지속되면 사람은 예민해지고 쉽사리 화를 내게 된다. 우리는 이런 상황이 장기간 지속되지 않기 위해서 적절히 스트레스를 풀 수 있는 장치를 마련해야 한다. 친구들과 수다를 떨거나 스스로의 시간을 갖거나 울음을 터트리거나 글을 쓰거나 소리를 지르거나 다양한 방법으로 스트레스를 줄여서 스스로 긴장 상태를 완화할 수 있도록 하는 것이 중요하다.

사람들은 누구나 힘든 상황에 직면할 수 있다. 그러한 상황을 견디고 이겨내는 데 회복탄력성은 매우 중요한 트리거가 된다.

윤태황 공부는 결국 혼자서 하는 것이다. 올바른 방법으로 누가 더 많이 공부하느냐가 성적과 직결된다. 그런데, 중요한 것이 하나 있다. 질풍노도 시기의 사춘기 학생들은 이성보다 감성이 앞설 때가 있다. 어른들의 논리적인 방법 전달도 중요하지만, 때로는 따뜻한 말 한마디가 중요할 때도 있다. 때로는 이성적으로, 때로는 감성적으로, 무엇이 학생의 공부 트리거일까? 『공부 트리거를 찾아라』를 통해 많은 분이 도움받았길 바라본다.

강호석 우리는 많은 것을 배우며 살아간다. 이 책에 소개된 '진짜 공부하는 법'을 통해 많은 청소년이 자신만의 공부법을 익혔으면 한다. 배우는 시간보다 스스로 익히는 시간이 있어야 성적뿐만 아니라 개인의 성장도 변화된다는 사실을 인식했으면 하는 바람이다. 읽어주신 모든 분께 감사드린다.

박종윤 하나의 직업을 갖고 살기엔 인생이 너무 길다. 우리는 끊임없이 변화하며 시대에 적응해야 한다. 변화를 가능하게 하는 것은 공부다. 이제 우리는 평생을 공부하며 살아야 한다. 그래서 학창시절의 공부는 중요하다. 인생을 살아갈 바탕이기 때문이다. 부디, 모든 학생이 자신에게 맞는 공부법을 찾고 좋은 습관을 형성하기를 기대한다.

이한나 인생의 갈림길에서 우리는 수많은 선택을 하며 성장한다. 그 성장의 과정에서 자신의 역할을 정확히 알고 능동적으로 행동하는 사람과, 주변의 요구에 의해 수동적으로 행동하는 사람의 결과는 점차적인 차이를 만들게 된다. 이 책을 통해 청소년기의 학생들이 자신의 목표를 설정하고, 계획하고, 실천하고, 반성하는 일련의 과정을 거침으로써 능동적인 어른으로 성장해가기를 바란다.

정현복 매년 언론에 나오는 대한민국의 청소년 행복지수는 항상 하위권이다. 특히 중·고생이 불행하다고 느낄 때가 성적에 대한 압박, 학습 부담이 클 때라고 한다. 청소년들이 학습에 대한 부담감을 얼마나 많이 가졌는지 알 수 있는 부분이다. 그렇다고 청소년 시절 공부를 하지 않는다고 해서 행복한 것도 아니다. 공부하는 것이 불행하다기보다는 자신에게 '맞지 않는 공부'를 하고 있

기 때문에 우리 청소년들이 불행하다고 생각하는 것이다. 우리 청소년들이 자신

에게 '맞는 공부'를 찾아간다면 행복한 공부를 할 수 있지 않을까? 청소년들의 행복한 공부에 이 책이 조금이나마 기여했길 바라는 마음이다. 이 책을 읽어 주신 모든 분께 감사드린다.

부록

::

VLT 4G 검사 및 에듀플렉스 소개
상담시트 예시

VLT 4G 검사 및 에듀플렉스 소개

복잡해진 입시제도 속에서 '입시 매니지먼트'가 더욱 급부상하고 있다. 올해 15년을 맞은 에듀플렉스는 주입식(강의식) 학원에 저항해 설립된 자기주도학습 전문 교육기관이다. 에듀플렉스 운영의 핵심은 '자기주도학습 매니징' 시스템이다.

전문 교육을 받는 매니저가 매일 체크를 통해 학생이 제대로 이해했는지 확인하고, 목표 점검과 동기부여 상담을 진행한다. 교과와 비교과에 이르는 학생부 관리를 돕고 학생의 소질·적성·인성 등을 고려한 1대 1 진로 상담도 진행한다. 에듀플렉스에 따르면 1대 1 맞춤형 상담은 에듀플렉스 전매특허인 VLT 4G(자기주도학습 종합 심리·수행 측정) 검사를 통해 정교한 분석을 바탕으로 이뤄진다.

학생은 자신의 목표와 스케줄을 점검하고 스스로 필요한 부분이 무엇인지 매니저와의 상담을 통해 체크한다. 그날 필요한 학습을 자율적으로 진행하는 방식이다. 이 모든 학습은 메타인지, 플립러닝(Flipped Learning) 등의 학습 방법으로 학생이 스스로 모르는 부분의 답을 직접 찾게 한다.

중장기적 목표부터 단기적 목표를 이루기 위한 '텀 스케줄러' 등의 스케줄링 도구 또한 에듀플렉스에서만 찾아볼 수 있다. 에듀플렉스 관계자는 "이러한 체계적 시스템을 통해 학생들은 목표를 잡고 달성하는 '긍정적 성취 중독'을 맛볼 수 있다"며 "에듀플렉스는 학생의 입시 성공을 넘어 인생을 주체적으로 살아갈 수 있도록 하는 목표를 지니고 있다"고 말했다.

— 출처 : '학부모가 뽑은 교육브랜드 대상' 보도자료

상담 1 - 나의 하루 돌아보기

'나의 하루 돌아보기' 상담은 하루 반성과 계획의 중요성을 이해하는 효과가 있다. 학생이 셀프리더를 점검하며 실천 가능한 계획을 세우고 성취도를 높일 수 있는 방법을 생각하여 실천해 볼 수 있다.

■ 오늘부터 일주일 동안 나의 하루를 돌아봅시다. 중요한 일의 성취도를 점검하고, 원인을 생각해봅니다. 반성한 내용들을 참고하여 알찬 다음 날을 위해 **실천 가능한 계획**을 세워봅시다.

월   일   요일

오늘 해야 할 중요한 일	성취도

오늘 하루 반성	
잘한 점	
아쉬운 점	
내일 해야 할 일	
매니저님의 한마디	

월   일   요일

오늘 해야 할 중요한 일	성취도

오늘 하루 반성	
잘한 점	
아쉬운 점	
내일 해야 할 일	
매니저님의 한마디	

상담 2 - 시간기록장

'시간기록장' 상담은 하루 몇 시간을 공부하는지를 체크해 보면서 질적인 학습 시간을 점검할 수 있다. 점검을 통해 낭비되는 시간을 알아보고 추가로 공부할 수 있는 시간을 확보하는 데 효과적이다.

요지부동! 엉덩이 인내심 기록장								
날짜	내용	목표 엉덩이 인내심 시간	목표 휴식 시간	시작 시간	마침 시간	실행 엉덩이 인내심 시간	실행 휴식 시간	점검
8/3	수학 76~86	60분	10분	5시	5시 40분	40분	20분	Bad
8/3	영어 독해 지문 8개	50분	10분	6시	7시	60분	10분	Good
8/4	국어 1과 복습	50분	10분	5시	5시 40분	40분	5분	Bad
8/4	영어 독해 지문 8개	50분	10분	6시	7시 20분	80분	10분	Good

상담 3 - 나를 바꾸는 플러스 사고

'나를 바꾸는 플러스 사고' 상담은 플러스(긍정적인) 사고와 마이너스(부정적인) 사고를 학습한 후, 긍정적으로 생각하는 훈련을 할 수 있다. 같은 상황에 놓이더라도 상황을 어떻게 해석하느냐에 따라 삶이 달라질 수 있음을 배운다.

■ 상황에 따른 + 사고를 생각해 봅시다.

어떤 상황?: 본인이 종종 당면하게 되는 어렵거나 힘든 상황 등 플러스 사고: 주어진 상황에서 할 수 있는 플러스 사고를 해 봅시다.	
나의 최악의 순간	**+ 사고하기**
ex) 밤새워 공부했는데 시험을 망쳤다.	열심히 공부했다고 생각했는데 성과가 안 나온 원인은 뭐지?

"좋은 것도 좋지 않은 것도 없다. 다만 생각이 그것을 만들어 낼 뿐이다."
-마르크스 아우렐리우스, 철학자-

상담 4 - 나의 가치 탐색하기

'나의 가치 탐색하기' 상담은 학생 스스로 자기 자신이 좋아하는 것, 잘하는 것, 중요한 것 등의 가치를 생각해보는 기회를 제공함으로써, 자신의 미래와 목표를 생각할 때 중요한 단서를 제공한다.

■ 워밍업! 25문 25답을 해봅시다.

1. 이름은?	14. 좋아하는 게임은?
2. 별명은?	15. 좋아하는 이성상은?
3. 종교는?	16. 좋아하는 패션은?
4. 혈액형은?	17. 좋아하는 영화는?
5. 신체 사이즈 중 한 곳을 고백하면?	18. 좋아하는 TV프로그램은?
6. 나의 성격을 한 마디로?	19. 좋아하는 스포츠는?
7. 장래희망은?	20. 좋아하는 헤어스타일은?
8. 나의 특기는?	21. 꼴불견이라고 생각하는 것은?
9 나의 취미는?	22. 내가 가장 아끼는 물건은?
10. 나의 버릇 or 습관은?	23. 지금 내가 가장 가지고 싶은 것은?
11. 좋아하는 노래는?	24. 여행가고 싶은 나라는?
12. 좋아하는 연예인은?	25. 내가 가장 행복을 느끼는 순간은?
13. 좋아하는 음식은?	

■ 나는 어떤 사람일까?

1) 아래의 항목들 중 나에게 중요한 것 순서대로 번호를 매겨보세요. 만약 중요한 정도가 비슷하다면 한 그룹으로 묶어 번호를 매겨도 됩니다. 또 항목에 없는 것을 추가해도 됩니다.

( ) 종교의 신념	( ) 도덕성	( ) 성취감
( ) 행복	( ) 진실함	( ) 사랑
( ) 평화	( ) 성실, 부지런함	( ) 자유와 독립성
( ) 도전정신	( ) 건강함	( ) 착함
( ) 정직함	( ) 믿음	( ) 성공
( ) 안정감	( ) 아름다움	( ) 즐거움
( ) 지혜	( ) 경제적 풍요로움	( ) 권력
( ) 여유	( ) 창의성	

■ 위의 결과를 바탕으로 나는 어떤 것을 가치 있게 생각하는 사람인지 말해보세요.

2) 아래의 항목들을 살펴보며 내가 좋아하는 것들을 체크해보세요.

1: 매우 좋아하는 것 / 2: 좋아하는 것 / 3: 그저 그런 것 / 4: 전혀 좋아하지 않는 것

음식	1-2-3-4	새 옷 사기	1-2-3-4
비행기	1-2-3-4	발레	1-2-3-4
역사	1-2-3-4	하이킹	1-2-3-4
친구 사귀기	1-2-3-4	공룡	1-2-3-4
학교	1-2-3-4	책	1-2-3-4
오페라	1-2-3-4	정원 가꾸기	1-2-3-4
새로운 사람 만나기	1-2-3-4	집안일 돕기	1-2-3-4
과학	1-2-3-4	동물	1-2-3-4
환경 보전	1-2-3-4	게임	1-2-3-4
유령의 집	1-2-3-4	팝송	1-2-3-4
시	1-2-3-4	전쟁	1-2-3-4
연극	1-2-3-4	음악	1-2-3-4
파티 참석하기	1-2-3-4	돈 벌기	1-2-3-4
꽃	1-2-3-4	사진	1-2-3-4
신화	1-2-3-4	좋은 시민 되기	1-2-3-4
천문학	1-2-3-4	새로운 것을 배우는 일	1-2-3-4
텔레비전	1-2-3-4	고전음악	1-2-3-4
여행	1-2-3-4	콘서트	1-2-3-4
권총	1-2-3-4	인형	1-2-3-4
성적 올리기	1-2-3-4	대화	1-2-3-4
옷차림	1-2-3-4	영화	1-2-3-4
영감(靈感)	1-2-3-4	라디오	1-2-3-4
바위	1-2-3-4	정치	1-2-3-4
녹음하기	1-2-3-4	수학	1-2-3-4
애완동물	1-2-3-4	종교	1-2-3-4
봄	1-2-3-4	자동차	1-2-3-4
여름	1-2-3-4	우주여행	1-2-3-4
가을	1-2-3-4	예술	1-2-3-4
겨울	1-2-3-4	스포츠	1-2-3-4
피서 가기	1-2-3-4	건축	1-2-3-4
건강	1-2-3-4	지리	1-2-3-4

■ 1과 2를 획득한 항목들의 공통점을 말해보고, 이를 바탕으로 내가 좋아하는 것들을 설명해보세요.

■ (이름:)의 나를 찾기 위한 자기 탐색

내가 좋아하고 잘하는 것, 중요하다고 생각되는 것들을 탐색해 보면서 내가 진짜 소망하는 꿈과 목표는 무엇인지 생각해보세요.

내가 좋아하는 것: 사람, 물건, 활동, 노래 등 자신이 좋아하는 그 어떤 것이라도 좋습니다. 마음껏 적어보세요.
내가 잘하는 것: 내가 자신 있게 할 수 있는 건 무엇인가요? 특별하거나 거창하지 않아도 좋습니다. 작은 것이라도 자신 있게 적어보세요.
나에게 중요한 것: 나에게 가장 소중하고 중요하다고 생각되는 것들이 한두 가지쯤은 있지요? 물건, 사람, 생각, 등 그 어떤 것이라도 좋습니다. 소중하게 담아 보세요.

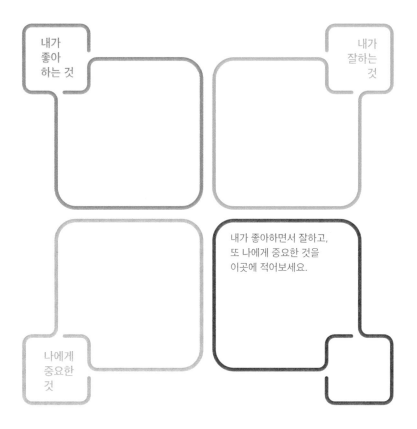

상담 5 - 학교생활 돌아보기

'학교생활 돌아보기' 상담은 자신의 학교생활을 전반적으로 돌아보고, 이를 바탕으로 자기반성과 개선을 위한 노력을 생각할 수 있게 한다. 학교생활의 문제점과 이를 개선하기 위한 노력, 최종 나의 목표를 정하고 선언함으로써 학교생활을 되돌아보고 수업 집중력, 노트 필기 수준, 동아리 활동 노력 등을 높이게 된다.

내가 하루 중 가장 많은 시간을 보내는 곳이 바로 '학교'입니다. 따라서 학교생활은 청소년기의 성적, 태도, 성격, 마인드, 인간 관계 형성 등 모든 면에 큰 영향을 끼칩니다. 그래서 수많은 대학이나 기업의 자기소개서에 응시자의 '학창시절'을 묻고 있는 것입니다. 지금부터 나의 학교생활을 떠올려보고 이를 바탕으로 다음 질문에 답을 해 보세요.

▼ 나의 학교생활을 한 줄로 말한다

1. 나는 현재 학교에서 [⬇︎] (하)는 학생이다.

2. 학교 친구들은 나를 [⬇︎] (하)는 애라고 부른다.

3. 내가 학교생활에서 가장 중요하다고 생각하는 것은
   [⬇︎] 이다.

4. 내가 생각하는 이상적인 학교생활은 [⬇︎] (하)는
   학생이 되는 것이다.

5. 나의 이상과 현실의 학교생활이 차이가 나는 이유는
   [⬇︎] 때문이다.

6. 앞으로 이상적인 학교생활을 하기 위해 나는 [⬇︎]
   을(를) 해야 한다.

7. 이상적인 학교생활을 하게 되면 나는 [⬇︎] 하게
   변할 것이다.

■ 나의 학교생활을 알려주마!

다음 질문에 모두 대답한 후 나의 학교생활에 대해 어떤 느낌이 들었는지 소감을
말해보세요.

Q	보통 몇 시쯤 등교하나요? 지각이나 결석을 자주하는 편인가요?
A	
Q	친한 학교 친구들은 누구이고 어떤 사이인가요?
A	
Q	쉬는 시간과 점심 시간에는 보통 무엇을 하며 보내나요?
A	
Q	학교 숙제는 빼먹지 않고 해가는 편인가요?
A	
Q	학교 수행평가는 보통 몇 점 정도 받고 있나요?
A	
Q	학교 규칙은 잘 지키는 편인가요?
A	
Q	동아리 활동이나 방과후 활동은 어떤 것을 하고 있고 평균 몇 시간 투자하고 있나요?
A	
Q	학급 행사나 학교 행사에 적극적으로 나서서 참여하는 편인가요?
A	
Q	학교 수업은 몇 % 이해하고 있나요?(판단하기 어려운 경우 오늘 학교에서 수업한 과목의 단원명과 핵심 내용을 말해보세요.)
A	
Q	우리 반에서 수업 잘 듣는 순으로 등수를 매길 때 나는 몇 등 정도일까요?
A	
Q	나의 학교 수업 집중도는 10점 만점에 몇 점인가요? 그렇게 생각한 이유는 무엇인가요?
A	
Q	가장 좋아하는 선생님은 누구이며, 그 선생님 과목의 점수는 몇 점인가요?
A	
Q	가장 싫어하는 선생님은 누구이며, 그 선생님 과목의 점수는 몇 점인가요?
A	

■ (이름:)의 더 나은 학교생활 만들기

지금까지 다양한 측면에서 나의 학교생활을 짚어 보았습니다. 이를 바탕으로 내가 생각하는 나의 학교생활을 문제점과 이를 개선하기 위해 내가 해볼 노력에 대해 이야기해 봅시다.

내가 생각하는 내 학교 생활의 문제점

1.

2.

3.

이를 개선하기 위해 내가 할 노력

1.

2.

3.

최종 나의 목표

1.

2.

3.

내 비장의 무기는 아직 손 안에 있다. 그것은 희망이다.   ― **나폴레옹** ―

참고자료

1. 『열 여섯 빛깔 아이들』, 정경연 외 지음, 어세스타.

2. MMTIC 과정, ㈜한국MBTI연구소.

3. 〈소프트뱅크 아카데미아〉 한국인 최초 합격생 고승재 에듀플렉스 대표 강연

4. 커리어넷 직업흥미검사: http://www.career.go.kr

5. 『공부는 내 인생에 대한 예의다』, 이형진 지음, 쌤앤파커스.

6. KBS 〈과학카페〉 - '기억 고수들의 3가지 습관' 편

7. 〈부잔센터코리아㈜〉 홈페이지: http://www.buzankorea.co.kr

8. 『성격심리학』, 노안영, 강영신 지음, 학지사.

9. 『성격심리학(인간 이해를 위한)』, 권석만 지음, 학지사.

10. 『교육심리학』, 신종호, 김민성, 최지영, 허유성, 이지은 지음, 교육과학사.

11. 『교육심리학』, 온기찬 지음, 교육과학사.

12. 『교육심리학(학교학습 효과를 위한)』, 임규혁, 임웅 지음, 학지사.

13. 2017학년도 대학수학능력시험, 한국교육과정평가원.

14. 2016학년도 11월 고등학교 2학년 전국연합학력평가, 경기도교육청.

15. 『천일문 기본』, 김기훈 외 지음, 쎄듀.

16. [2018 영어 절대평가] 유연한 사고 특강 PART 1, 조정식, YOU TUBE.

17. 『EBS 고등 한국사』, 강승호 외 지음, EBS 한국교육방송공사.

18. 『한국사 교과서』, 한철호 외 지음, 미래엔.

19. 『현대시의 모든 것』, 이석호 외 지음, 꿈을담는틀.

20. 『국어 개념 완성』, 이운영 지음, 꿈을담는틀.